ARISTIDE BRUANT

dans la Rue

DEUXIÈME VOLUME

CHANSONS
ET
MONOLOGUES

DESSINS
DE
Steinlen

PARIS
ARISTIDE BRUANT
AUTEUR-ÉDITEUR
BOULEVARD ROCHECHOUART, 84

DANS LA RUE

IL A ÉTÉ TIRÉ DE CET OUVRAGE

Cent cinquante exemplaires sur papier du Japon
tous numérotés.

PARIS. IMPRIMERIE CHARLES BLOT, RUE BLEUE, 7.

ARISTIDE BRUANT

Dans la Rue

DEUXIÈME VOLUME

CHANSONS ET MONOLOGUES

« . . . .
T'es dans la ru', va, t'es chez toi. »

DESSINS DE STEINLEN

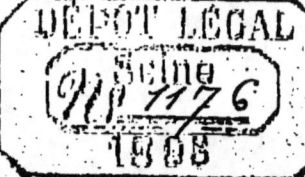

PARIS
ARISTIDE BRUANT
Auteur Éditeur
84 — Boulevard Rochechouart — 84

Tous droits réservés

DU MÊME AUTEUR

Dans la Rue (premier volume), 25ᵉ mille, 3 fr. 50.

Ce premier volume, illustré par Steinlen, contient les chansons : *A Batignolles.* — *A la Villette.* — *A Montpernasse.* — *Marche des Dos.* — *Ronde des Marmites.* — *A Saint-Lazare.* — *A la Roquette.* — *V'là l'choléra qu'arrive.* — *Belleville-Ménilmontant.* — *A Montrouge.* — *A la Glacière.* — *A la Bastille.* — *La Noire.* — *A Grenelle.* — *A la Madeleine.* — *A Montmerte.* — *A la Chapelle,*

et les monologues : *Philosophe.* — *Bonne année.* — *Fantaisie triste.* — *Sonneur.* — *Récidiviste.* — *Les Vrais Dos.* — *Amoureux.* — *Côtier.* — *Soulaud.* — *Jaloux.* — *Gréviste.* — *Casseur de gueules.* — *Lézard.* — *Grelotteux.*

Pour le recevoir franco, envoyer 3 fr. 50, en un mandat, à M. Aristide Bruant, 84, boulevard Rochechouart, à Paris.

EN PRÉPARATION :

Sur la Route, 1 volume . . . . 3 fr. 50

Une musique de scène est éditée spécialement pour chacun des monologues : *Pilon. — Aux Arts Libéraux. — Foies blancs. — Monsieur l'bon. — Fossoyeur. — Bavarde. — Coquette. — Concurrence. — Crâneuse. — Conasse. — Soupé du mac. — Les quat' pattes. — Fins de siècle. — Trempé. — Pus d'patrons. — Exploité. — Heureux.*

L'accompagnement pour piano de tous les morceaux — chansons et monologues — contenus dans ce volume est publié séparément et se trouve chez les principaux éditeurs de musique.

TABLE

		Pages
I	Dans la rue	11
II	Pilon	19
III	A Mazas.	25
IV	Géomay	33
V	Les Petits Joyeux.	39
VI	Aux Bat. d'Af.	47
VII	A Biribi	53
VIII	A la place Maubert	59
IX	Aux Arts Libéraux	65
X	Foies blancs	71
XI	Monsieur l'bon.	75
XII	Les Marcheuses	81
XIII	Fossoyeur.	87

		Pages
XIV	Bavarde	91
XV	Coquette	97
XVI	Concurrence	103
XVII	Crâneuse	109
XVIII	Conasse	115
XIX	Soupé du mac	123
XX	Les quat' pattes	129
XXI	Fins de siècle	137
XXII	Chanson des Michetons	141
XXIII	Au bois de Boulogne	149
XXIV	Au bois de Vincennes	159
XXV	Trempé	169
XXVI	Pus d'patrons	175
XXVII	Exploité	181
XXVIII	A la Goutte-d'Or	189
XXIX	A Saint-Ouen	197
XXX	Heureux	205

DANS LA RUE

DANS LA RUE

Moi je n'sais pas si j'suis d'Grenelle,
De Montmartre ou de la Chapelle,
D'ici, d'ailleurs ou de là-bas;
Mais j'sais ben qu'la foule accourue,
Un matin, m'a trouvé su' l'tas
　　　Dans la rue.

Ya ben des chanc's pour que mon père
Il ay' jamais connu ma mère
Qu'a jamais connu mon daron,
Mon daron qui doit l'avoir eue,
Un soir de noc', qu'il était rond,
　　　Dans la rue.

'm'ai jamais connu d'aut' famille
Que la p'tit' marmaill' qui fourmille,
Aussi quand ej' m'ai marida,
'm'ai mis avec un' petit' grue
Qui truquait, le soir, à dada,
      Dans la rue.

C'est ça qu'c'était ben mon affaire !..
Mais un beau soir a s'a fait faire :
Les mœurs l'ont fourrée au ballon.
Et, depuis qu'alle est disparue,
J'sorgue à la paire et j'fais ballon
        Dans la rue.

A présent, où qu'vous voulez qu'j'aille ?
Vous vouderiez-t'y que j'travaille ?
J'pourrais pas... j'ai jamais appris...
Va falloir que j'vole ou que j'tue...
Hardi ! Joyeux, pas vu... pas pris. .
        Dans la rue.

Et pis zut ! et viv'nt les aminches !
Viv'nt les escarp' et viv'nt les grinches !..
Un jour faudra que j'passe aussi
D'vant la foule encore accourue
Pour voir ma gueule en raccourci,
      Dans la rue.

PILON

PILON

J'ai pus d'dents, pus d'cheveux, pus d'yeux.
J'peux pus marcher, j'suis un pauv' vieux ;
Ej'traîn' mes pieds dans mes savates,
Ej'tiens pus d'bout su' mes deux pattes,
Ej'peux pus m'garer du sergot
Qui fait la chasse au mendigot...
Pourtant j'fais du tort à personne :
      Ej' pilonne.

Ej'pilonne, ej'demand' des sous
A ceux qu'en a : les ceux qu'est saoûls
D'boire et d'manger, les ceux qui rotent
Dans l'nez des vieux comm' moi qui s'frottent
El' vente au lieur ed'boulotter,
Merd'!... V'là un sergot.... Faut m'trotter...
Pourtant j'fais du tort à personne :
      Ej' pilonne.

Ben oui... j'sais ben, c'est défendu,
Ça déplaît à ces Messieurs du
Coin du quai ; à cause ? Ej'm'en doute
Mêm' pas. Quéqu' ça peut ben leur foute
Qu'un vieux comm' moi i'tend' la main
A ceux qu'i' rencont' su' son ch'min ?
Pourtant j'fais du tort à personne :
      Ej' pilonne.

Va 'cor' falloir trotter pus loin,
J'étais pourtant ben... là... dans c'coin !...
Mais les deux que v'là c'est d'la rousse,
Rien que d'les voir ça m'fout la frousse ;
Malgré qu' j'ay' mes soixant'-sept ans,
Ces cochons-là, ils m'foutraient d'dans...
Pourtant j'fais du tort à personne :
　　　　Ej' pilonne.

A MAZAS

A MAZAS

Pen_dant qu'j'étais à la cam_pa_gne En train d'le fair' cau_té_ri_ser,— Au lieu ed'res_ter dans mon pa_gno, Moi, j'm'ai mis à dé_va_li_ser;— Mais un jour, dans la ru' d'Pro_ven_ce, J'me suis fait fair' mar_ron su' l'tas, Et maint'nant j'ti_re d'la pré_ven_ce, A Ma_zas, A Ma_zas,

Pendant qu't'étais à la campagne
En train d'te fair' cautériser,
Au lieu ed' rester dans mon pagne,
Moi, j'm'ai mis à dévaliser ;
Mais un jour, dans la ru' d'Provence,
J'me suis fait fair' marron su' l'tas,
Et maint'nant j'tire d'la prévence,
      A Mazas.

C'est en dévalisant la case
D'un' gerce, un' gironde à rupins,
Qu'on m'a fait avec Nib de naze,
Un monte en l'air de mes copains.
Faut y passer, quoi ! c'est not' rente,
Aussi, bon Dieu ! j'me plaindrais pas
Si j'avais d'quoi m'boucher la fente,
   A Mazas.

Mais, nom de Dieu ! mince d'purée !
C'est dégoûtant c'que nous cachons :
Des nentill's, des pois en purée
Et d'l'eau grass' comme à des cochons.
Vrai, j'm'enfil'rais ben un' bouteille ;
A présent qu't'es sorti' d'là-bas,
Envoy'-moi donc un peu d'oseille,
   A Mazas.

Tu dois ben ça à ton p'tit homme
Qu'a p't'êt' été méchant pour toi,
Mais qui t'aimait ben, car, en somme,
Si j'te flaupais, tu sais pourquoi.
A présent qu'me v'là dans les planques
Et qu'je n'peux pus t'coller des tas,
Tu n'te figur's pas c'que tu m'manques.
   A Mazas.

Faut que j'te d'mande encor' quéqu' chose,
Ça s'rait qu't'aill's voir un peu mes vieux.
Vas-y, dis, j'ten pri', ma p'tit' Rose,
Malgré qu't'es pas bien avec eux.
Je n'sais rien de c'qui leur arrive...
Vrai, c'est pas pour fair' du pallas,
Mais j'voudrais bien qu'moman m'écrive,
   A Mazas.

Embrassons-nous, ma gigolette,
Adieu, sois sage et travaill' bien,
Tâch' de gagner un peu d'galette
Pour l'envoyer à ton pauv' chien.
Nous r'tourn'rons su' l'bord de la Seine,
A Meudon, cueillir du lilas,
Après qu'j'aurai fini ma peine,
      A Mazas.

GÉOMAY

GÉOMAY

Comme il était fils de putain,
I' savait pas beaucoup d'latin,
Ni d'aut' chose;
I' savait juste assez compter
Pour savoir c'que peut rapporter
La p'tit' Rose.

C'était un môme assez costeau
Mais il 'tait avec eun' cathau
    Qu'était blèche ;
I' la r'levait à la mi' d'pain,
Il était, au lieu d'êt' rupin,
    Dans la dèche.

En r'filant la comète, eun' nuit,
Dans l'ombre il aperçut d'vant lui
    Eun' guérite :
Tant pis, qu'i' s'dit, j'vas m'engager :
J'pourrai dormir, boire et manger
    Sans marmite.

Malgré qu'il avait pas d'état,
Ça fit tout d'suite un bon soldat,
  Et pis mince
Qu'i' mangeait à gueul' que veux-tu ;
Il 'tait nourri, logé, vêtu
  Comme un prince.

Ça f'sait son blot, malheureus'ment,
On la r'lèv' pas au régiment :
  Nib de braise !
Mais, à Paris, i' fréquentait
Eun' vieill' marchand' de vins qu'était
  A son aise.

Eun' nuit qu'il 'tait en permission,
V'là qu'i' tu' la vieill' d'un coup d'scion...
  C'est-i' bête !
L'aut' matin Deibler, d'un seul coup,
Place d'la Roquette y a cou-
  -pé la tête.

S'i' s'rait parti pour el' Tonkin,
I' s' s'rait fait crever l'casaquin
  Comm' Rivière...
Un jour on aurait p't'êt' gravé,
Sur un marbre ou sur un pavé,
  L'nom d'sa mère.

LES PETITS JOYEUX

LES PETITS JOYEUX

C'est nous les p'tits marlous qu'on rencont' su' les buttes,
Là oùsque le pierrot au printemps fait son nid ;
Là oùsque dans l'été nous faisons des culbutes,
Avec les p'tit's marmit's que l'bon Dieu nous fournit.

   C'est nous les joyeux,
    Les petits joyeux,
Les petits marlous qui n'ont pas froid aux yeux.

C'est nous qu'on voit passer avec des nœuds d'cravate,
Des bleus, des blancs, des roug' et des couleur cocu ;
Et si nos p'tit's gonzess's traîn' un peu la savate,
Nous avons des pantoufl's pour leur-z-y fout' dans l'cul.

   C'est nous les joyeux,
    Les petits joyeux,
Les petits marlous qui n'ont pas froid aux yeux.

Su' l'boul'vard estérieur nous faisons not' mariolle,
Et pis l'soir quand les rosses d'bourgeois sont couchés,
Nous chauffons les morlingu' aux bons passants en riolle,
Pendant qu'nos p'tit's marmit's vid'nt les bours's des michés.

C'est nous les joyeux,
Les petits joyeux,
Les petits marlous qui n'ont pas froid aux yeux.

S'i' veut ben s'laisser faire, on fait pas d'mal au pantre,
Mais quand i' veut r'ssauter ou ben fair' du potin,
On y fout gentiment un p'tit coup d'lingu' dans l'ventre,
Pour yapprendre à gueuler à deux heur's du matin.

   C'est nous les joyeux,
    Les petits joyeux,
Les petits marlous qui n'ont pas froid aux yeux.

Quand faut aller servir c'tte bon Dieu d'République
Où qu'tout l'monde est soldat, malgré son consent'ment,
On nous envoi' grossir les bataillons d'Afrique,
A caus' que les marlous aim'nt pas l'gouvernement.

   C'est nous les joyeux,
    Les petits joyeux,
Les petits marlous qui n'ont pas froid aux yeux.

Un coup qu'on est là-bas on fait l'peinard tout d'suite,
On fait pus d'rouspétance, on s'tient clos, on s'tient coi ;
Y'en a mêm' qui finiss'nt par ach'ter eun' conduite
Et qui d'vienn' honnête homm' sans trop savoir pourquoi.

   C'est nous les joyeux,
    Les petits joyeux,
Les petits marlous qui n'ont pas froid aux yeux.

AUX BAT. D'AF.

AUX BAT. D'AF.

Mouv! de marche

COUPLET
Mon vieux frangin, tu viens d'bouffer d'la case, T'es-t'un gar-çon comm' moi, tu n'as pas l'taf, J't'écris deux mots et j'profi-te d'l'occa-se Pour t'envoy-er le refrain des Bat. d'Af.:

REFRAIN
V'là l'Bat d'Af. qui pas-se, O-hé! ceux d'la clas-se! Vivent les Panti-nois Qui vont s'tirer dans quéqu's mois; A nous les gon-zes-ses, Vi-vent nos mô-mes ses! On les re-trouv'ra Quand la clas-se, quand la clas-se, On les re-trouv'ra Quand la classe par-ti-ra.

Mon vieux frangin, tu viens d'bouffer d'la case,
T'es t'un garçon comm' moi, tu n'as pas l'taf,
J't'écris deux mots et j'profite d'l'occase
Pour t'envoyer le refrain des Bat. d'Af.

  V'là l'Bat. d'Af. qui passe,
  Ohé! ceux d'la classe!
  Viv'nt les Pantinois
 Qui vont s'tirer dans quéqu's mois;
  A nous les gonzesses,
  Vivent nos ménesses!
  On les retrouv'ra
 Quand la classe partira.

Depuis que j'suis dans c'tte putain d'Afrique
A faire l'Jacqu' avec un sac su' l'dos,
Mon vieux frangin, j'suis sec comme un coup d'trique,
J'ai bentôt pus que d'la peau su' les os.

  V'là l'Bat. d'Af. qui passe,
  Ohé! ceux d'la classe!
  Viv'nt les Pantinois
 Qui vont s'tirer dans quéqu's mois;
  A nous, les gonzesses,
  Vivent nos ménesses!
  On les retrouv'ra
 Quand la classe partira.

Embrass' pour moi ma p'tit' femm' la Fernande
Qui fait la r'tape au coin d'l'av'nu' d'Clichy ;
Dis-y que j'l'aime et dis-y qu'a m'attende
Encor' quèqu' temps et j'vas êt' affranchi.

  V'là l'Bat. d'Af. qui passe,
  Ohé ! ceux d'la classe !
  Viv'nt les Pantinois
 Qui vont s'tirer dans quéqu's mois ;
  A nous les gonzesses,
  Vivent nos ménesses !
  On les retrouv'ra
 Quand la classe partira.

Surtout dis-y qu'a s'fass' pas foute au poste,
Qu'a s'piqu' pas l'nez, qu'a s'fass' pas d'mauvais sang
Et qu'a m'envoy' quèqu'fois des timbres-poste,
Pour me payer des figu' et du pain blanc.

  V'là l'Bat. d'Af. qui passe,
  Ohé ! ceux d'la classe !
  Viv'nt les Pantinois
 Qui vont s'tirer dans quéqu's mois ;
  A nous les gonzesses,
  Vivent nos ménesses !
  On les retrouv'ra
 Quand la classe partira.

Souhaite el' bonjour au père et à la mère,
Dis à ma femm' qu'a tâche d'les aider...
Faut pas laisser les vieux dans la misère,
Car à leur âge on doit rien s'emmerder.

> V'là l'Bat. d'Af. qui passe,
> Ohé ! ceux d'la classe !
> Viv'nt les Pantinois
> Qui vont s'tirer dans quéqu's mois;
> A nous les gonzesses,
> Vivent nos ménesses !
> On les retrouv'ra
> Quand la classe partira.

Mon vieux frangin, je n'vois pus rien à t'dire,
Dis ben des chos's à tous les barbillons,
Dis au daron qu'i' n'oubli' pas d'm'écrire,
Dis à Fernand' qu'a n'me fass' pas d'paillons.

> V'là l'Bat. d'Af. qui passe,
> Ohé ! ceux d'la classe !
> Viv'nt les Pantinois
> Qui vont s'tirer dans quéqu's mois;
> A nous les gonzesses,
> Vivent nos ménesses !
> On les retrouv'ra
> Quand la classe partira.

A BIRIBI

A BIRIBI

Yen a qui font la mauvais' tête
　　　Au régiment ;
I's tir' au cul, i's font la bête
　　　Inutil'ment ;
Quand i's veul'nt pus fair' l'exercice
　　　Et tout l'fourbi,
On les envoi' fair' leur service
　　　A Biribi.

A Biribi c'est en Afrique
　　　Où que l'pus fort
Est obligé d'poser sa chique
　　　Et d'fair' le mort ;
Où que l'pus malin désespère
　　　De fair' chibi,
Car on peut jamais s'fair' la paire,
　　　A Biribi.

A Biribi c'est là qu'on marche,
　　　Faut pas flancher ;
Quand l'chaouch crie : " En avant ! Marche ! "
　　　I' faut marcher,
Et quand on veut fair' des épates,
　　　C'est peau d'zébi :
On vous fout les fers aux quat' pattes,
　　　A Biribi.

A Biribi c'est là qu'on crêve
    De soif et d'faim,
C'est là qu'i' faut marner sans trêve
    Jusqu'à la fin!...
Le soir on pense à la famille,
    Sous le gourbi...
On pleure encor' quand on roupille,
    A Biribi.

A Biribi c'est là qu'on râle,
    On râle en rut,
La nuit on entend hurler l'mâle
    Qu'aurait pas cru
Qu'un jour i' s'rait forcé d'connaître
    Mam'zell' Bibi,
Car tôt ou tard i' faut en être,
    A Biribi.

On est sauvag', lâche et féroce,
    Quand on en r'vient...
Si par hasard on fait un gosse,
    On se souvient...
On aim'rait mieux, quand on s'rappelle
    C'qu'on a subi,
Voir son enfant à la Nouvelle
    Qu'à Biribi.

A LA PLACE MAUBERT

Je m'demande à quoi qu'on songe
En prolongeant la ru' Monge,
　　A quoi qu'ça nous sert
Des esquar's, des estatues,
Quand on démolit nos rues,
　　A la plac' Maubert?

L'été nous étions à l'ombre,
C'était coquet, c'était sombre,
　　Quand l'soleil, l'hiver,
Inondait la capitale,
L'jour était encor' pus sale.
　　A la plac' Maubert.

Quand on n'avait pas d'marmite,
On bouffait chez l'pèr' Lafrite
    Pour un peu d'auber;
Le soir on l'vait eun' pétasse...
Un choléra sans limace,
    A la plac' Maubert.

Pour trois ronds chez l'pèr' Lunette,
Où qu'chantait la môm' Toinette,
    On s'payait l'concert;
Pour six ronds au Château-Rouge,
On sorguait avec sa gouge,
    A la plac' Maubert.

Aussi, bon Dieu! j'vous l'demande,
Quand yaura pus d'ru' Galande,
    Pus d'Hôtel Colbert,
Oùsque vous voulez qu'i's aillent
Les purotins qui rouscaillent,
    A la plac' Maubert?

Qu'on leur foute au moins des niches,
Comme on en fout aux caniches,
    Qu'i's soy' à couvert
Sous quèqu' chos' qui les abrite
Quand i's trouveront pus d'gîte,
    A la plac' Maubert.

Car quand i's r'fil'ront la cloche,
I's auront tous dans leur poche
    El' surin ouvert,
Et c'jour-là, mes camarluches,
La nuit gare aux laqu'reauxmuches
    De la plac' Maubert.

AUX ARTS LIBÉRAUX

AUX
ARTS LIBÉRAUX

C'est rigolo c'qu'on a d'la chance :
Moi, qu'tous les hivers ej' gelais,
Moi, que j'couch' dehors ed'naissance,
Me v'là que j'couch' dans un palais.
V'là qu'au lieur ed'filer la cloche
La nuit, avec un tas d'maqu'reaux
Avec qui que j'pass' pour un broche,
Ej' demeure aux Arts Libéraux.

Là où qu'on m'salu' quand que j'rentre,
Là où, quand mêm' que j's'rais fauché,
Ej' suis sûr de m'coller dans l'ventre
Un' mouis' par-dessus l'marché.
L'matin, ça chauff' la gargamelle,
C'est girond la soupe aux poireaux !
Avant d'm'attacher un' gamelle,
Ej' déjeune aux Arts Libéraux.

Vrai, c'est déjà rupin qu'on coupe
A la comèt', mais nom d'un chien,
On vous fout du coke et d'la soupe
Comm' si qu'on l'aurait poure rien ;
Et pis on en r'çoit des visites :
Des Présidents, des Généraux,
Des miniss's qui pay'nt les marmites !
C'est rien bath aux Arts Libéraux.

Quand i's ont vu que l'thermomètre
Était à quinze au-d'ssous d'zéro,
I's s'sont dit : « On va leur z-y mettre
Un' soup' dans l'ventre et un bras'ro
Où qu'i's pourront s'sécher les fesses
Et s'réchauffer les pectoraux. »
C'est bath !... mais ça manque d'gonzesses...
Y en a pas aux Arts Libéraux.

Mais faut pas chiner la boutique.
Nom de Dieu ! c'est vraiment chouette !
On peut dir' que la République
Est un gouvernement costeau.
Dame, au lieur ed' passer la sorgue
A m'chauffer l'cul aux soupiraux,
Mézigo va bâcher son orgue ;
Ej' demeure aux Arts Libéraux.

FOIES BLANCS

FOIES BLANCS

Mon dab est mort ru' d'la Roquette,
Su' la place, en face l'p'loton,
On yavait rogné sa liquette,
Coupé les ch'veux, rasé l'menton.
Ma dabuche aussi chassait d'race :
A s'est fait gerber à vingt ans
Pour avoir saigné eun' pétasse.
Moi, j'marche pas... j'ai les foi's blancs.

J'suis pourtant pas un imbécile !...
Pour mijoter un coup d'fric-frac
Ya pas deux comm' mon gniasse au mille...
Mais quand i' faut marcher, j'ai l'trac !
Nom de Dieu !.. c'est-y pas un' honte !...
Pendant que j'me bats les deux flancs,
Les aut' i's font les coups que j'monte.
Moi, j'marche pas... j'ai les foi's blancs.

C'est pas qu'j'ay' peur ed' la grand' sorgue,
J'm'en fous comme d'Colin-Tampon ;
— La fin du monde après mon orgue —
Mais j'peux pas foute un coup d'tampon,
Et quand faut suriner un pante
Ej' reste là... les bras ballants...
I's ont beau m'dir' : Va donc... eh ! tante !
Ej' marche pas... j'ai les foi's blancs.

Aussi, vrai, j'me fous d'la turbine
A Deibler et d'tout son fourbi,
Sûr qu'il aura pas la bobine,
La tronch', la sorbonne à Bibi...
Ma tête !.. alle est pas pour sa gouge,
Pour sa vieill' gouine aux bras tremblants :
A roul'ra pas dans l'panier rouge
Ma tête... alle aura des ch'veux blancs.

MONSIEUR L' BON

MONSIEUR L' BON

Quand la marmite alle est su' l'tas,
C'est pour son marlou qu'a trimarde :
Qu'a soy' lirond'géme ou toquarde,
Faut qu'alle étrenne ou gare aux tas ;
Et dame ! a choisit pas sa gueule...
Quand mêm' qu'il aurait un bubon...
L'premier qui veut quand alle est meule...
      C'est Monsieur l'bon.

Quand la marmite est à la tour,
El' marle il est dans la débine...
Pour boulotter faut qu'i' turbine,
I' s'en va su' l'tas, à son tour ;
A coups d'lingue, au coin d'eune impasse...
Qu'i' soy' jeune ou qu'i' soy' barbon !
Tant pis pour el' premier qui passe...
    C'est Monsieur l'bon.

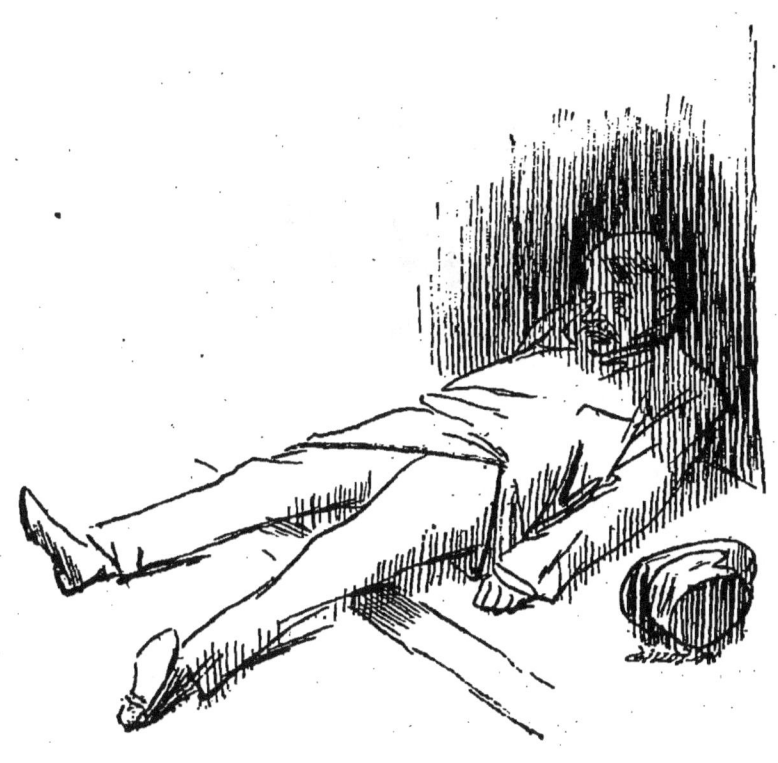

Alors el' marle est arrêté,
Et pis on l'emmène à la butte
Oùsqu'i' fait sa dernièr' culbute,
A la barbe d'la société...
Et pendant que l'bingue i' s'apprête
A poser son doigt su' l'bouton,
L'marle i' dit en passant sa tête :
   V'là Monsieur l'bon !

LES MARCHEUSES

LES MARCHEUSES

A's sont des tas
Qu'ont pus d'appas
Et qui n'ont pas
L'sou dans leur bas.

  Pierreuses,
   Trotteuses,
A's marchent l'soir,
Quand il fait noir,
  Sur le trottoir.

Les ch'veux frisés,
Les seins blasés,
Les reins brisés,
Les pieds usés.

  Pierreuses,
   Trotteuses,
A's marchent l'soir,
Quand il fait noir,
  Sur le trottoir.

A's vont comm' ça,
Par-ci, par-là,
En app'lant l'a-
-mour qui s'en va...

  Pierreuses,
   Trotteuses,
A's marchent l'soir,
Quand il fait noir,
  Sur le trottoir.

A's ont pus d'pain,
Car le chopin
N'est pas rupin.
C'est du lapin.

   Pierreuses,
    Trotteuses,
A's marchent l'soir,
Quand il fait noir,
   Sur le trottoir.

A's ont pus d'feu,
A's pri'nt l'bon Dieu
Qu'est un bon fieu
D'chauffer leur pieu.

   Pierreuses,
    Trotteuses,
A's marchent l'soir,
Quand il fait noir,
   Sur le trottoir.

Christ aux yeux doux,
Qu'es mort pour nous,
Chauff' la terre où-
-qu'on fait leurs trous.

   Pierreuses,
    Trotteuses,
A's marchent l'soir,
Quand il fait noir,
   Sur le trottoir.

FOSSOYEUR

FOSSOYEUR

—· Fossoyeur! l'dernier des métiers!
Qu'j'entends qu'yen a d'aucuns qui disent;
I' n'ya guèr' que les héritiers
D'ceux qu'j'enterr' qui n'se formalisent
Pas de c'que j'fais... Eh ben! j'm'en fous!
Mon métier m'donne d'la jouissance
Assez pour que j'soy' pas jaloux
D'ceux qu'a la braise et la puissance.

Car j'enterr' pas qu'les macchabé's
Qui sentent l'chlore et la charogne,
J'enterr' les loulous, les bébés ;
C'est ça qu'c'en est d'la chouett' besogne !
Qu'a crèv'nt sous les baisers d'un roi
Ou qu'a meur'nt sur un lit d'hospice,
Quand a sont blanch', a sont à moi,
Vos Léontine et vos Alice !

Comm' des marié's, couvertes d'fleurs,
Tous les matins on m'en apporte,
Avec leurs parfums, leurs odeurs...
Moi j'trouv' que ça sent bon, la morte.
J'les prends dans mes bras, à mon tour,
Et pis j'les berce... Et pis j'les couche,
En r'niflant la goulé' d'amour
Qui s'échappe encor' de leur bouche.....

BAVARDE

BAVARDE

Ma mistonne est eun' chouett' ménesse,
Alle est gironde et bath au pieu,
C'est c'qu'on appelle eun' rich' gonzesse;
Aussi j'l'aim' ben!... mais, nom de Dieu!
Ya pas moyen qu'a tais' sa gueule,
C'est toujours à elle à jacter:
A caus' mêm' quand alle est tout' seule
Et v'là pourquoi qu'a m'fait tarter.

C'est pas qu'j'y défend' qu'a jacasse,
Alle a eun' langue... alle a besoin
D's'en servir... J'veux ben qu'a potasse
Ed' temps en temps... ed' loin en loin,
Qu'a caus' quand alle a rien à faire,
Ou dans l'jour, quand on est couché,
Mais l'soir, qu'a soye à son affaire
Et qu'a caus' qu'avec el' miché.

Mais j't'en fous, faut qu'Madam' babille,
C'est des cancans, c'est des potins,
C'est la femme à Jul's qu'est eun' vrille,
Les sœurs à Pierr' qu'est des putains,
C'est la grand' Juli' monte au chasse
Qui fait des queu' à son mecton...
Et pendant c'temps-là l'michet passe...
Et tous les soirs alle est carton.

Et pis c'est toujours moi qu'je m'tape,
Et c'est toujours el' mêm' refrain ;
A quoi qu'ça m'sert qu'a fass' la r'tape
Pour fout' peau d'balle et ballet d'crin ?
Aussi, bon Dieu ! c'soir ej' m'insurge !
J'veux pus passer pour un paquet...
Sûr que j'vas y coller eun' purge
Si a m'rapport' pas larant'quet !

COQUETTE

COQUETTE

Non... vrai... ça m'fait naquer du fla !
Si ça continu', gare aux beignes.
J'en ai mon pied de c'loubé-là,
J'vas laisser tomber les châtaignes.
Vous m'direz : — Quoi donc... t'es cocu ?
— Non, c'est ma lesbomb' qu'est coquette :
A dépens' tout pour sa toilette
Et moi j'ai rien à m'fout' su' l'cul.

Vous me r'direz : Mon vieux cochon,
Quand on veut qu'eun' marmott' turbine,
Faut pas qu'alle ay' l'air d'un torchon
Ni qu'a soy' trop dans la débine.
— Oui... mais ça m'fait r'naquer du fla
D'avoir l'air d'un mac à la mie,
Quand on s'paye eune anatomie
Et eun' gueul' comm' la cell' que v'là.

J'en connais des tas... des peinards
Qui s'font casquer par leur lesbombe
Des trottinett' et des fouit'nards,
Au lieur que moi faut que j'me bombe
Et que j'm'en aill', clopi, clopant,
Avec mes ribouis en pantouf'e,
Pendant que l'vent du Nord i'souf'e
Par les trous du cul d'mon grimpant.

Et faut qu'Madame aye un jersey,
Et des peign' en célunoïde
Pour mett' su' son casque!... eh ben! vrai...
J'te vas en foute, Adélaïde!
Si a veut pas s'faire eun' raison,
Un matin j'y jambonne l'blaire
Et pis après je m'fais la paire
Et j'prends eun' gonzesse en maison.

CONCURRENCE

CONCURRENCE

J'viens encore d'chopper la môme
Qui marche à côté d'moi... Sacré
Chameau !... p'tit veau !... chaqu' fois j'la paume
A fair' des clients pour lentré !...
Sal' chaudron !... sal' calorifère !...
Sal' fourneau ! paillasse à homm's saouls !
A fait mes michets pour trent' sous
Quand ej' suis pas là pour les faire.

CONCURRENCE

J'viens encore d'chopper la môme
Qui marche à côté d'moi... Sacré
Chameau !... p'tit veau !... chaqu' fois j'la paume
A fair' des clients pour lentré !...
Sal' chaudron !... sal' calorifère !...
Sal' fourneau ! paillasse à homm's saouls !
A fait mes michets pour trent' sous
Quand ej' suis pas là pour les faire.

Nom de Dieu!... j'fais pas ma sucrée:
Ya dix-huit ans que j'suis putain,
Que j'bats mon quart et la purée
Au coin du faubourg Saint-Martin;
J'comprends quand eun' gonzesse est meule
Qu'a monte avec des gens qu'est saouls,
Mais qu'a fass' des homm' à trent' sous!...
J'y foutrais mon poing su' la gueule!

Non... vrai... ces chos's-là ça m'dépasse !
Faut-i' qu'eun' gonzess' soy' paquet
D'prendre un franc cinquant' pour eun' passe
Quand a peut d'mander larant'quet...
Ah ! faut vraiment qu'a soy' pas fière !...
Moi, quand ej' vois des tas d'homm's saouls
Qui veul'nt pas donner pus d'trent' sous,
Ej' les envoye à la barrière.

CRANEUSE

CRANEUSE

J'viens d'rencontrer la femme à Pierre,
C'qu'a fait d'l'harmone ! ah ! nom de d'là !
C'en est flaquant ! ben merde !... en v'là
Un' marmit' qui fait sa soupière !
A rouspète, a fait du chichi,
A r'naude, a crâne, a rogne, a gueule,
A tient l'boul'vard à ell' tout' seule,
Dedpuis Montmart' jusqu'à Clichy.

Et c'est du schpromme... et d'la jactance...
Et du chambard... et du potin...
Ah ! la salope !... Ah ! la putain !...
J'yen foutrai, moi, d'la rouspétance.
Ah ! charogne ! .. Ah ! vache d'métier ! ..
Faut-i' qu'nous soyons été gnolles
D'laisser marcher aux Batignolles
Un' féboss' qu'est pas du quartier.

Un' crâneuse, un' marchand' d'épates...
Malheur !... si ça fait pas rêver :
On dirait qu'ça va tout crever
Et ça tient pas su' ses deux pattes !...
Et ça vaut pas l'coup... c'est d'la peau !...
Moi j'suis gonzesse d'loucherbéme,
Un soir qu'a m'f'ra trop lierchéme
J'y fous mon vingt-deux dans la peau.

CONASSE

CONASSE

T'es pas dessalé' que j'te dis,
T'as trimardé tout' la soirée
Et te v'là 'cor' sans un radis,
C'est toujours el' dix ed' purée.

Vrai, j'en ai les trip' à l'envers!
Ça m'fait flasquer d'voir eun' pétasse
Qui pass' tous les soirs à travers!
Bon Dieu! faut-i' qu'tu soy's conasse!

Tiens, j'te vas dir' comment qu'on fait :
C'est pas malin... Tu vas au gonce,
Tu y dis : « T'as eun' gueul' qui m'plaît,
Viens-tu chez moi, mon p'tit Alphonse ? »
— I' dit : « Non. » — Mais c'est du chiquet.
Tu y r'dis : « Viens, mon p'tit Narcisse,
Viens, pour toi ça s'ra qu'larant'quet. »
Et tu l'emmèn' à la condisse.

Et pis là, tu tap' au pognon.
Ceux qui s'laiss' empiler sans s'cousse,
On les appell' mon p'tit mignon,
On les dégringole à la douce.
Mais les lapins, mais les bécants,
Ceux avec qui qu'y a pas d'affure,
Les emmerdeurs et les croquants,
On les dégringole à la dure :

On leur fait l'coup du culbutant,
On leur fait l'artiche et les poches,
Et quand i's rouspèt'nt en partant,
Quand i's font du pet... gare aux broches !
Nous somm's là !... Et si les bochons
Suffis'nt pas... on a des eustaches
Pour les saigner comm' des cochons !
A bas les pant' et mort aux vaches !

SOUPÉ DU MAC

SOUPÉ DU MAC

Sûr que j'en ai soupé du mac !
J'en ai plein l'dos, j'en ai mon sac !...
On fout pus qu'nib à la Courtille.
Et faudrait que j'me r'paye un mec,
Que je l'fringu', que j'yempâte l'bec,
Quand ej' fais pas pour ma croustille ?

Sûr que non... i's peuv'nt tous crampser
Si n'ya qu'moi pour les engraisser.
J'en veux pus d'marlou !... ça vous croûte
Tout c'qu'on gagne et tout c'qu'on gagn' pas.
On n'a jamais l'rond dans son bas...
Ah ! nom de Dieu ! j'sais c'que ça m'coûte !

J'en ai eu deux : deux saligauds,
Deux tant's, deux filous, deux fagots,
Deux vach's, deux cochons, deux tapettes
Qui gueulaient... qui m'foutaient des coups
Quand j'm'ach'tais eun' robe d'cent sous,
Le lend'main d'la paye aux lipettes.

Aussi, sûr que c'est ben fini,
C'est ben marré, c'est n, i, ni...
J'en veux pus d'marlou, ça m'bassine;
Et pis quand ej' me f'rai chopper,
J'aurai personne à m'occuper
Si j'me faisais foute à Lourcine.

LES QUAT' PATTES

LES QUAT' PATTES

Les quat' patt's, c'est les chiens d'Paris,
Les voyous, les clebs ed' barrière,
C'est les ceux qui sont jamais pris...
Qui va jamais à la fourrière.

. . . .
. . . .

Car c'est pas des toutous d'Agnès
Ni des cabots d'propriétaires;
C'est mêm' pas des chiens d'locataires;
I's sont lib's comm' Mossieu Barrès.

I's ont tous des gueul' à la flan :
C'est des croisés qui sont pas d'race.
Vrai !... c'est pas eux qu'est des chiens d'chasse
Mais pour leur mett', y a pas plan.

I's sont d'la ru', c'est des joyeux...
Oui... mais c'est des joyeux honnêtes,
Et malgré qu'ça soy' que des bêtes
I's ont d'la bonté plein les yeux.

Et pis i's trott'nt... et pis les v'là,
L'blaire au vent, la queue en trompette,
Avec leur trou du cul qui pète
Au museau d'celui qui s'trouv' là.

Et l'museau répond : « Ça va bien,
J'te r'merci'... n'en v'là d'un' rencontre !...
Tourn'-toi donc un peu que j'te l'montre,
A mon tour... vas-y, vieux, sens l'mien. »

Ya des fois qu'i's font du potin,
I's japp', i's piss', i's font des magnes...
Dam' les clebs i's ont pas des pagnes
Pour plumer avec leur putain.

Et comme en somme i's sont pas d'bois,
l' faut qu'i's fass'nt ça dans la rue,
Sous les yeux d'la foule accourue
Et des bons sergots aux abois.

. . . .
. . . .

Ça n'empêch' qu'i's sont jamais pris,
Car c'est les clebs ed' la barrière,
Les quat' patt's, quoi! les chiens d'Paris...
Ceux qui va pas à la fourrière.

FINS
DE SIÈCLE

FINS DE SIÈCLE

I's sont comm' ça des tas d'crevés,
Des outils, des fiott's, des jacquettes,
Des mal foutus, des énervés
Montés su' des flût' en cliquettes ;

I's touss', i's crach', i's font du foin !
I's éternu'nt : — Dieu vous bénisse,
Minc' que vous en avez besoin,
Allez donc dir' qu'on vous finisse !

Tas d'inach'vés, tas d'avortons
Fabriqués avec des viand's veules,
Vos mèr' avaient donc pas d'tétons
Qu'a's ont pas pu vous fair' des gueules ?
Vous êt's tous des fils de michets
Qu'on envoy' téter en nourrice,
C'est pour ça qu'vous êt's mal torchés...
Allez donc dir' qu'on vous finisse !

Et dir' qu'i's song' à fair' du plat !...
Quand on les voit avec un linge
On s'dit : — Sûr que c'tte gonzess'-là
Si a pond a va faire un singe !
Tas d'saligauds, tas d'abrutis,
Bon' à rien, gonciers d'pain d'épice,
Avant d'songer à fair' des p'tits,
Allez donc dir' qu'on vous finisse !

CHANSON DES MICHETONS

CHANSON DES MICHETONS

Ya-t-i' rien d'pus bath qu'un mich'ton?
 C'est él'vé dans la haute,
C'est gentil, doux comme un mouton,
 Et jamais ça ne r'ssaute;
Ça vous dit : mon rat, mon trognon,
 Et, chaqu' fois qu'ça vous quitte,
Ça vous laisse un peu d'beau pognon
 Pour graisser la marmite.

   Et viv'nt les mich'tons!
   C'est leur bonn' galette
   Qui fait fair' risette
   A nos p'tits mectons.
   Et viv'nt les mich'tons!
   C'est leur bonn' galette
   Qui fait fair' risette
   A nos p'tits mectons.

C'est rupin, c'est urf, c'est poli,
  Ça a des bell's manières :
Jamais ça n'se mettrait au lit
  Sans laver ses derrières ;
Ça s'parfume à l'ylang-ylang,
  Ç'a toujours les pieds propres
Et ça met du ling' qu'est pus blanc
  Qu'celui d'un tas d'salopes.

  Et viv'nt les mich'tons !
  C'est leur bonn' galette
  Qui fait fair' risette
  A nos p'tits mectons.
  Et viv'nt les mich'tons !
  C'est leur bonn' galette
  Qui fait fair' risette
  A nos p'tits mectons.

C'est des homm's qui n'est pas brutals,
  Qui sait s'tenir en soce
Et qu'appell'nt des horizontal's
  Les femm's qui fait la noce;
C'est presque tous des beaux garçons
  Remplis d'délicatesses,
Pisqu'i's port'nt jusqu'à des can'çons
  Pour pas s'tacher les fesses.

        Et viv'nt les mich'tons!
        C'est leur bonn' galette
        Qui fait fair' risette
        A nos p'tits mectons.
        Et viv'nt les mich'tons!
        C'est leur bonn' galette
        Qui fait fair' risette
        A nos p'tits mectons.

I's sont pus bath que nos marlous,
  Ça s'raient eux nos p'tit' hommes
Si i's nous donnaient pas des sous.
  Oui, mais c'est comm' des pommes!
Des datt's!! des nèfl's!!! car, nom de Dieu!
  — Quand mêm' qu'i' s'rait l'pus chouette —
On peut pas gober un Mosieu
  Qui vous fout d'la galette.

    Et viv'nt les mich'tons!
    C'est leur bonn' galette
    Qui fait fair' risette
    A nos p'tits mectons.
    Et viv'nt les mich'tons!
    C'est leur bonn' galette
    Qui fait fair' risette
    A nos p'tits mectons.

AU BOIS
DE BOULOGNE

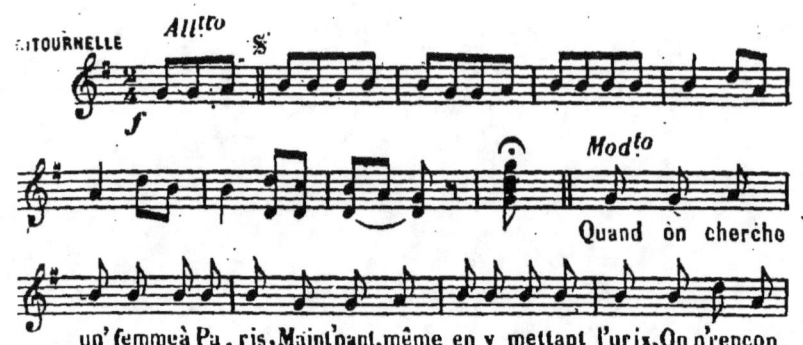

AU BOIS
DE BOULOGNE

ITOURNELLE
All^to
Mod^to
Quand on cherche
un' femmeà Pa . ris, Maint'nant, même en y mettant l'prix, On n'rencon-

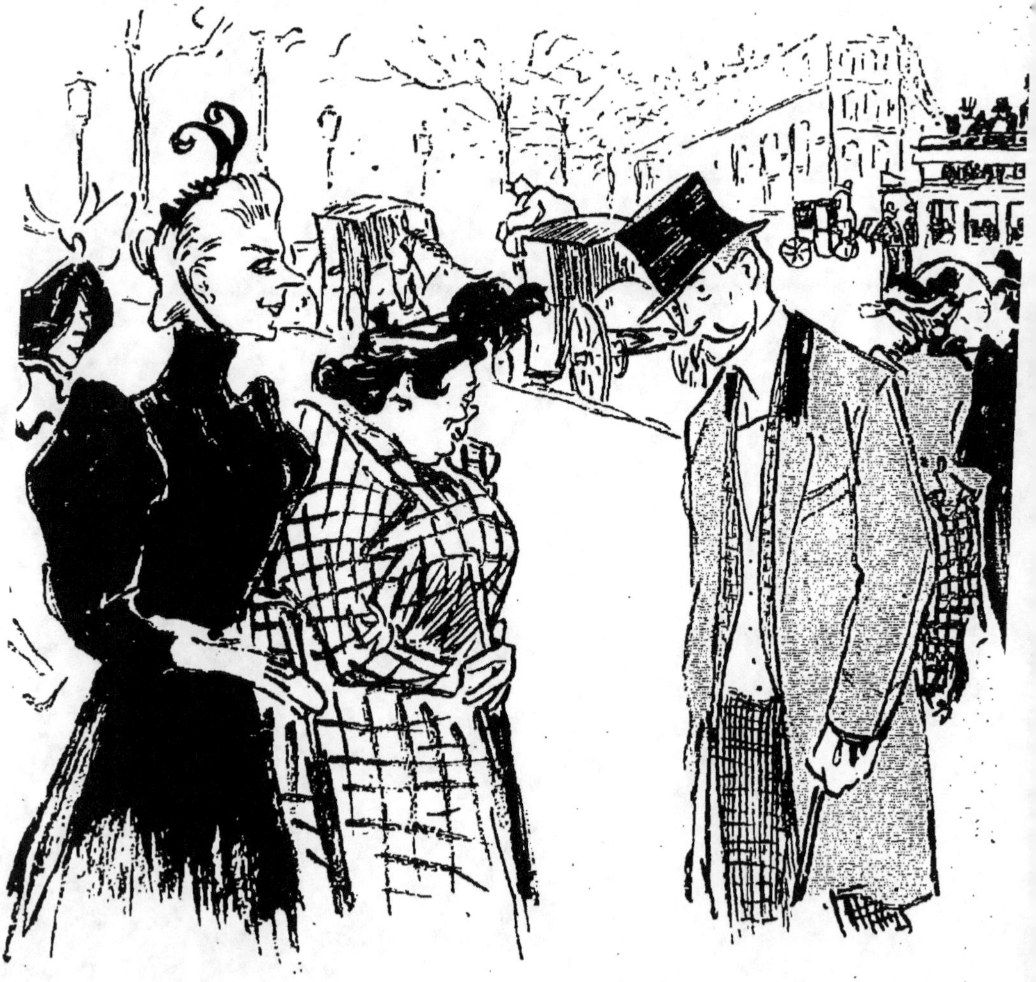

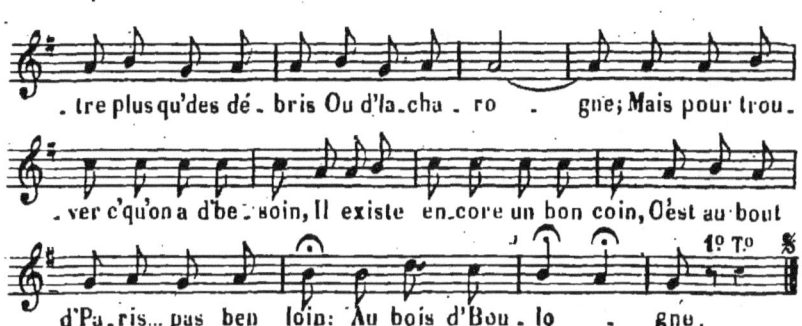

. tre plus qu'des dé . bris Ou d'la.cha . ro . gne; Mais pour trou.
. ver c'qu'on a d'be . soin, Il existe en.core un bon coin, C'est au bout
d'Pa.ris... pas ben loin: Au bois d'Bou . lo . gne.
1º Tº

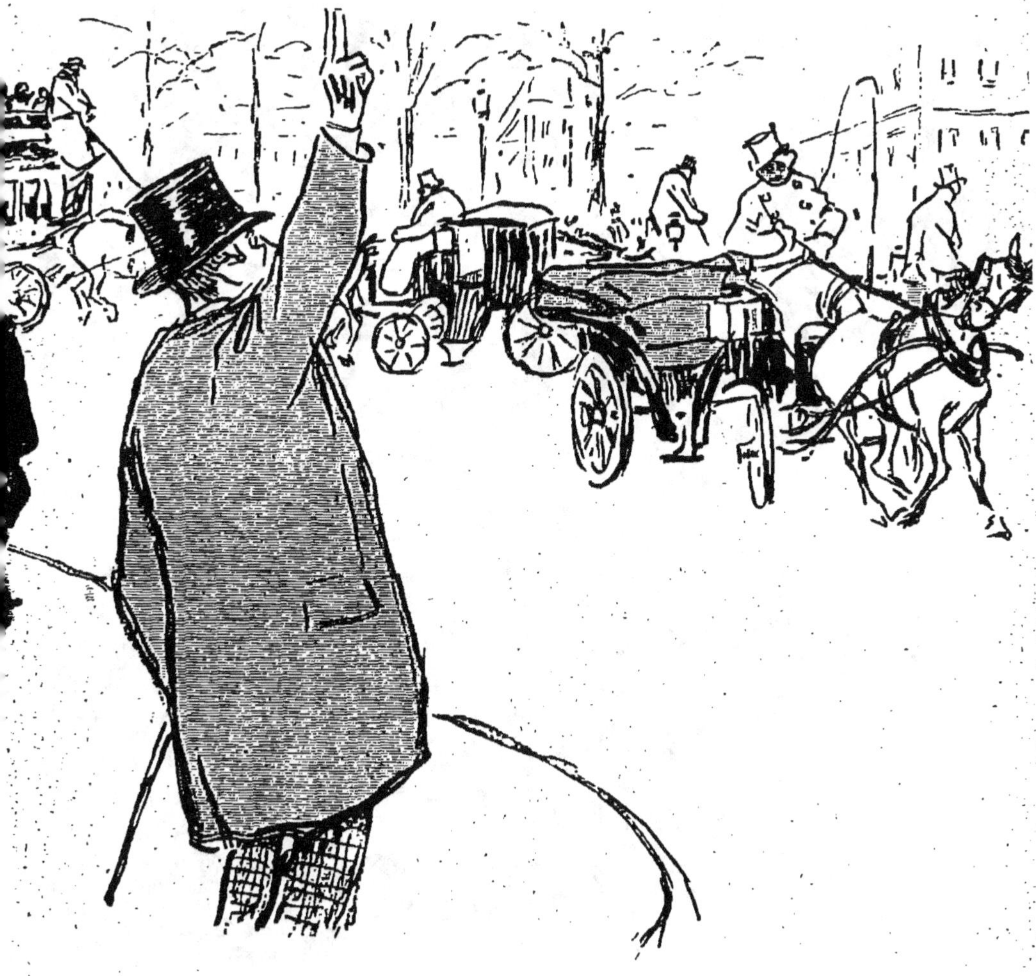

Quand on cherche un' femme à Paris,
Maint'nant, même en y mettant l'prix,
On n'rencontre plus qu'des débris
    Ou d'la charogne ;
Mais pour trouver c'qu'on a d'besoin,
Il existe encore un bon coin,
C'est au bout d'Paris... pas ben loin :
    Au bois d'Boulogne.

C'est un bois qu'est vraiment rupin :
Quand on veut faire un bon chopin,
On s'y fait traîner en sapin
    Et, sans vergogne,
On choisit tout le long du bois,
Car ya que d'la grenouill' de choix !
Et ya mêm' des gonzess's de rois !!
    Au bois d'Boulogne.

Y en a des tas, y en a d'partout :
De la Bourgogne et du Poitou,
De Nanterre et de Montretout,
　　Et d'la Gascogne ;
De Pantin, de Montmorency,
De là, d'où, d'ailleurs et d'ici,
Et tout ça vient fair' son persil,
　　Au bois d'Boulogne.

Ça poudroi', ça brille et ça r'luit,
Ça fait du train, ça fait du bruit,
Ça roul', ça passe et ça s'enfuit !
　　Ça cri', ça grogne !
Et tout ça va se r'miser, l'soir,
A l'écurie ou dans l'boudoir...
Puis la nuit tapiss' tout en noir
　　Au bois d'Boulogne.

Alors c'est l'heur' du rendez-vous
Des purotins et des filous,
Et des escarp' et des marlous
    Qu'ont pas d'besogne,
Et qui s'en vont, toujours par trois,
Derrièr' les vieux salauds d'bourgeois,
Leur fair' le coup du pèr' François,
    Au bois d'Boulogne.

AU BOIS
DE VINCENNES

AU BOIS DE VINCENNES

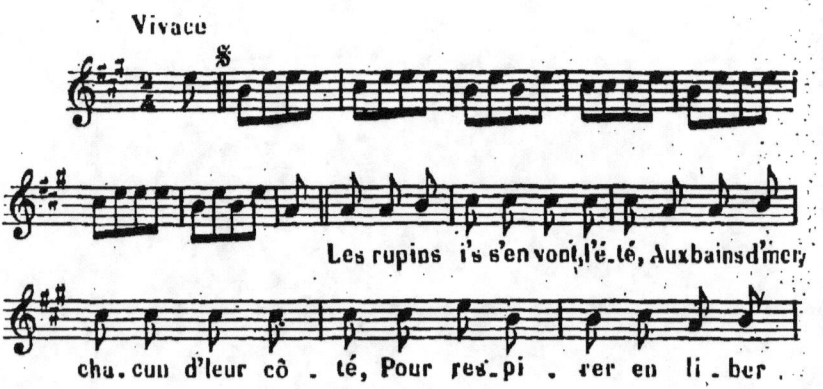

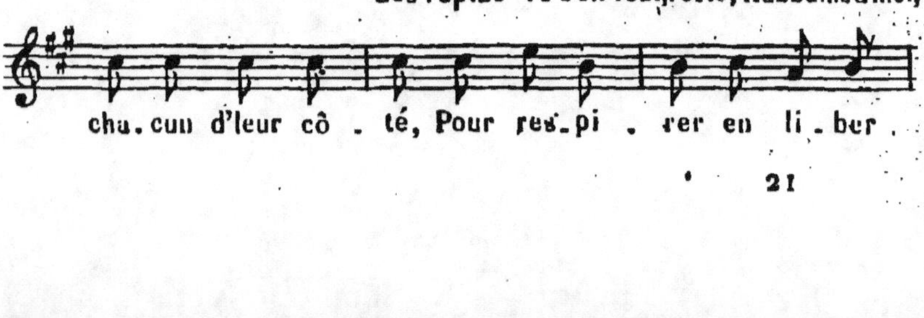

Vivace

Les rupins i's'en vont, l'é-té, Aux bains d'mer, chu-cun d'leur cô-té, Pour res-pi-rer en li-ber

té Et r'prendre ha_lei_ne. Moi j'peux pas m'pa_yer les bains d'mer, Pour mes six ronds, j'prends l'chemin d'fer Et j'vas res_pi_rer ur bol d'air, Au bois d'Vin_cen_nes!

Les rupins i's s'en vont, l'été,
Aux bains d'mer, chacun d'leur côté,
Pour respirer en liberté
    Et r'prendre haleine.
Moi, j'peux pas m'payer les bains d'mer :
Pour mes six ronds, j'prends l'chemin d'fer
Et j'vas respirer un bol d'air,
    Au bois d'Vincennes !

On n'y voit guèr' de mac au sac ;
Ya quéqu's rentiers, autour du lac,
Qui promèn'nt leur mal d'estomac
　　Et leur bedaine ;
Mais quand arriv' la bell' saison,
Ya des ouveriers, à foison,
Qui vient s'les caler su' l'gazon,
　　Au bois d'Vincennes.

Aussi l'soir, quand i's sont partis,
On trouv' des cous d'poulets rôtis,
Des restes d'desserts assortis
    Et d'porcelaine;
Des boît' à sardin's, des litrons
Vid' ou cassés, des bouts d'citrons,
Des p'tits jornals et des <u>étrons</u>,
    Au bois d'Vincennes.

Puis à travers les trognons d'choux,
On voit des grands canonniers roux
Et de tout petits tourlourous
    Qu'ont rien d'la veine,
Car, avec des airs triomphants,
I's vont, avec les bonn's d'enfants,
Dans les p'tits coins s'asseoir dedans,
    Au bois d'Vincennes.

Une heure après, sous les massifs,
C'est les purotins des fortifs
Qui s'gliss', avec des airs craintifs,
　　Dans la garenne,
Les pauvres gueux, sans feu ni lieu,
Qui trouv'nt de quoi s'faire un bon pieu,
Sous l'œil caressant du bon Dieu,
　　Au bois d'Vincennes.

TREMPÉ

TREMPÉ

Ah! nom de nom de Dieu! c'qu'i' pleut!
Qué vache d' temps!... ça... c'est eun' trompe!...
Un cyclope! où qu'c'est l'diabl' qui pompe
Et l'bon Dieu qui piss' tant qu'i' peut.
Dans l'eau j'pourrais tirer ma coupe;
Ah! c'que j'vas êt' débarbouillé!
J'ai jamais été si mouillé...
　suis trempé... trempé comme eun' soupe

Sûr que j'vas attraper du mal ;
Demain faudra qu'j'aille à l'hospice.
Allons bon !... v'là l'bon Dieu qui r'pisse...
Eh ! là-haut !... espèc' d'animal !...
Piss' donc pas tant... ça m'tomb' su' l'naze,
Fais donc attention, vieux sabot,
Nom de Dieu !... ya du mond' dans l'pot,
Quand tu prends Paris pour ton vase.

Tu t'en fous!... eh ben, moi itou,
Piss' donc, cochon; piss' donc, vieill' bête!
Vas-y... va... piss'-moi su' la tête,
Piss'-moi dans l'dos, piss'-moi partout;
Mais vrai, tu n'es guère à la sonde :
Tu veux t'fair' passer pour un fieu,
Et tu profit's que t'es l'bon Dieu
Pour pisser su' la gueule au monde.

PUS D'PATRONS

PUS D'PATRONS

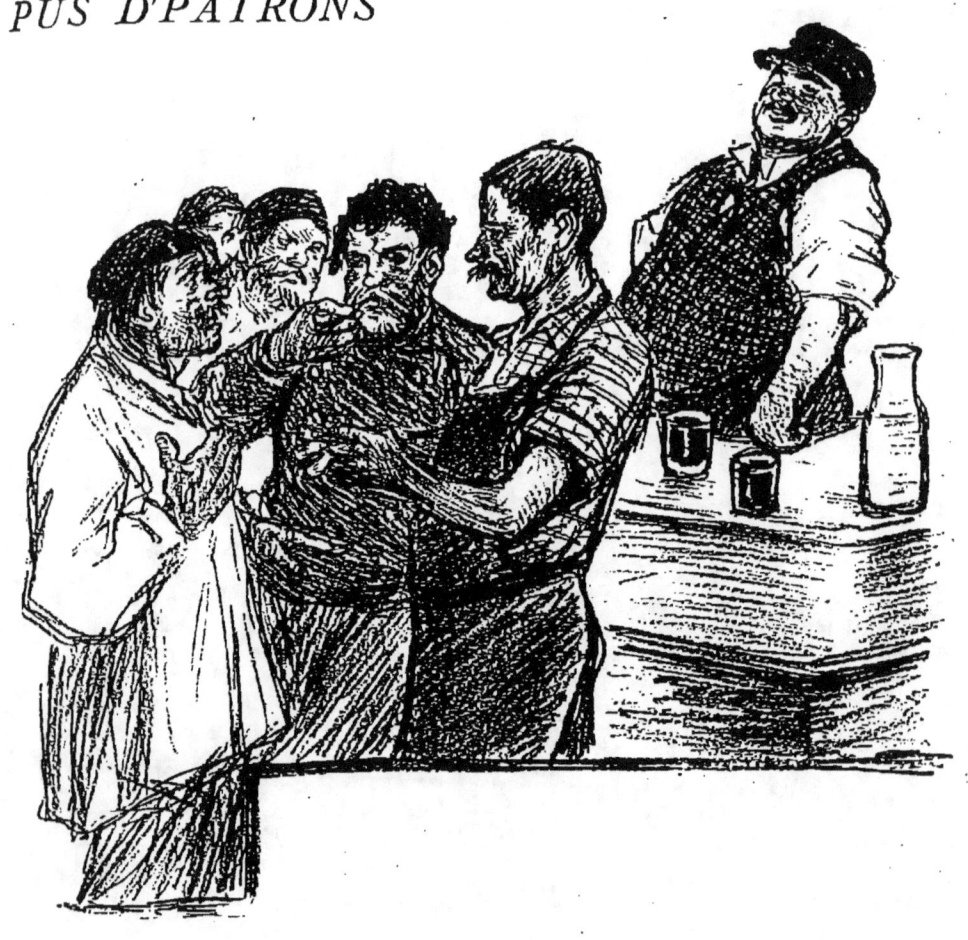

J'suis républicain socialisse,
Compagnon, radical ultra,
Révolutionnaire, anarchisse,
Eq' cœtera... Eq' cœtera...
Aussi j'vas dans tous les métingues,
Jamais je n'rate un' réunion,
Et j'pass' mon temps chez les mann'zingues
Oùsqu'on prêch' la révolution.

C'est vrai que j'comprends pas grand'chose
A tout c'qu'y dis'nt les orateurs,
Mais j'sais qu'i's parl'nt pour la bonn' cause
Et qu'i's tap'nt su' les exploiteurs.
Pourvu qu'on chine l'ministère,
Qu'on engueul' d'Aumale et Totor
Et qu'on parl' de fout' tout par terre !..
J'applaudis d'achar et d'autor.

C'est d'un' simplicité biblique
D'abord faut pus d'gouvernement,
Pis faut pus non pus d'République,
Pus d'Sénat et pus d'Parlement,
Pus d'salauds qui vit à sa guise,
Pendant qu'nous ont un mal de chien...
Pus d'lois, pus d'armé', pus d'église,
Faut pus d'tout ça... faut pus de rien!

Alors c'est nous qui s'ra les maîtres,
C'est nous qui f'ra c'que nous voudrons,
Yaura pus d'chefs, pus d'contremaîtres,
Pus d'directeurs et pus d'patrons !
Minc' qu'on pourra tirer sa flemme,
On f'ra tous les jours el' lundi !
Oui... mais si n'ya pus d'latronspéme,
Qui qui f'ra la paye l'sam'di ?

EXPLOITÉ

EXPLOITÉ

Ya des chos's qu'est dur's dans la vie
Ainsi, moi qui bouff' pas souvent,
I' m'prend quèqu'fois d'avoir envie
D'faire aut' chos' que d'lâcher du vent.

Quand ça m'arriv' dans la banlieue,
J'pos' ça n'importe où, ça n'fait rien ;
Mais dans Paris faut faire eun' lieue...
Encor', des fois, ya pas moyen.

A moins qu'on rentr' dans eun' boutique
Comm' cell' d'à l'instant d'où que j'sors ;
J'avais besoin d'pousser ma chique,
J'pouvais pas la pousser dehors.

Comm' j'étais pressé, j'me dépêche,
Ej' me faufil' comme un cabot,
Et j'pos' délicat'ment ma pêche
Dans eune espèce d'lavabo.

A côté gnyavait eun' cuvette...
Un tas d'ustensil's, dans les coins,
Où qu'les gens chic font leur toilette
Quand i's ont fini leurs besoins.

Comme j'm'en allais, la marchande
Me d'mand' trois ronds. — C'est chaud, qu'j'y dis
Mais quéqu' vous vouliez que j'marchande?
Et j'yai été d'mes trois radis.

N'empêch' que je l'ai trouvé' dure
Et qu'j'ai soupé d'son p'tit salon;
I' ne r'verra pus ma figure,
J'f'rais pustôt dans mon patalon.

Si j'ai des besoins légitimes,
J'veux pas qu'on m'prenn' pour un rupin,
Et dépenser des quinz' centimes
Quand ej' n'ai bouffé qu'un p'tit pain.

A LA
GOUTTE-D'OR

A LA GOUTTE-D'OR

En ce temps-là dans chaqu' fa-mil-le, On blan-chis-sait de mèr' en fil-le; Main-te-nant on blan-chit en-cor, A la goutt' d'Or, A la goutt' d'Or

En ce temps-là, dans chaqu' famill
On blanchissait de mère en fille ;
Maintenant on blanchit encor,
    A la Goutt'-d'Or.

Elle était encor' demoiselle
Grand'maman, la belle Isabelle,
Quand elle épousa l'grand Nestor,
    A la Goutt'-d'Or.

Et maman Pauline était sage
Le jour qu'ell' se mit en ménage,
Avec papa le p'tit Victor,
  A la Goutt'-d'Or.

A c'tte époqu'-là tout's les fillettes,
Les goss'lines, les gigolettes
S'mariaient avec leur trésor,
  A la Goutt'-d'Or.

A's s'contentaient, l'jour de leur noce,
D'un' petit' toilett' pas féroce
Et d'un' jeannette en similor,
  A la Goutt'-d'Or.

Leur fallait pas un mari pâle,
Mais un garçon d'lavoir... un mâle...
Bien râblé... même un peu butor,
  A la Goutt'-d'Or.

Aujourd'hui faut à ces d'moiselles
Des machins avec des dentelles
Et des vrais bijoux en vrai or,
  A la Goutt'-d'Or.

Leur faut des jeun' homm' en casquettes,
Des rouquins qu'ont des rouflaquettes,
Collé's sur un' têt' d'hareng saur,
 A la Goutt'-d'Or.

Et v'là pourquoi tout's les fillettes,
Les goss'lines, les gigolettes
S'marient pus avec leur trésor,
 A la Goutt'-d'Or.

A SAINT-OUEN

A SAINT-OUEN

Un jour qu'i' fai sait pas beau, Pas ben loin du bord de l'eau, Près d'la Sei ne; Là où qu'i' pouss' des moissons De culs d'bouteill's et d'tes sons, Dans la plai ne. Ma mèr' m'a fait dans un coin. A Saint-Ouen, à Saint-Ouen

Un jour qu'i' faisait pas beau,
Pas ben loin du bord de l'eau,
  Près d'la Seine;
Là où qu'i' pouss' des moissons
De culs d'bouteill' et d'tessons,
  Dans la plaine;
Ma mèr' m'a fait dans un coin,
  A Saint-Ouen.

C'est à côté des fortifs,
On n'y voit pas d'gens comifs
  Qui sent' l'musque.
Ni des môm' à qui qu'i' faut
Des complets quand i' fait chaud,
  C'est un lusque
Dont les goss's ont pas d'besoin,
  A Saint-Ouen.

A Paris ya des quartiers
Où qu'les p'tiots qu'ont pas d'métiers
 I's s'font pègre ;
Nous, pour pas crever la faim,
A huit ans, chez un biffin,
 On est nègre...
Pour vivre, on a du tintoin,
 A Saint-Ouen.

C'est un métier d'purotin,
Faut trimarder dans Pantin
   En savates,
Faut chiner pour attraper
Des loupaqu' ou pour chopper
   Des mill' pattes ;
Dame, on nag' pas dans l'benjoir,
   A Saint-Ouen.

Faut trottiner tout' la nuit
Et quand l'amour vous poursuit,
   On s'arrête...
On embrasse... et sous les yeux
Du bon Dieu qu'est dans les cieux...
   Comme un' bête,
On r'produit dans un racoin,
   A Saint-Ouen.

Enfin je n'sais pas comment
On peut y vivre honnêt'ment,
C'est un rêve;
Mais on est récompensé,
Car comme on est harassé,
Quand on crève...
El' cim'tière est pas ben loin,
A Saint-Ouen.

HEUREUX

HEUREUX

Fait rien froid... j'ai la gueule en feu...
Et les deux arpions à la glace,
Et l'blair' qui coul' comme eun' Wallace...
S'rait ben temps que j'me chauffe un peu.
J'vas 'core aller av'nu' Trudaine
Oùsque la Compagni' des eaux,
Pour remplacer celles d'la Seine,
Fait poser des nouveaux tuyaux.

L'gardien des travaux fait du rif
A ménuit... et comme il est zigue,
l' laiss' toujours chauffer mézigue
Et rôtir mon morceau d'lartif.
Presque tout's les nuits c'est ma rente,
Moi j'gouap' pas à la faridon,
J'aim' ben m'chauffer la peau du vente
Quand ej' n'ai rien d'cuit dans l'bidon.

C'est d'jà rupin, mais c'est pas tout :
Ya les tuyaux oùsque l'on couche,
Pour pas s'enrhumer on les bouche
En pendant un sac à chaqu' bout ;
Fait chaud là-n'dans comm' dans eun' cave,
Et quand on yest bâché... Barca !
Mon vieux salaud, minc' qu'on l'entrave :
On s'lèv'rait pas pour fair' caca.

Et pis, doucett'ment on s'endort,
On fait sa carne, on fait sa sorgue,
On ronfle, et, comme un tuyau d'orgue,
L'tuyau s'met à ronfler pus fort. .

Alors on sent comme eun' caresse,
On s'allong' comm' dans un bon pieu...
Et l'on rêv' qu'on est à la messe
Où qu', dans l'temps, on priait l'bon Dieu.

ARISTIDE BRUANT

Dans la Rue

Chansons et Monologues

DESSINS de POULBOT

Publié par l'Auteur
LIBRAIRIE ERNEST FLAMMARION
26, rue Racine, Paris

DANS LA RUE

IL A ÉTÉ TIRÉ DE CET OUVRAGE :

Cinquante exemplaires sur papier du Japon
tous numérotés.

Paris. — Imp. Pairault et Cie, 3, rue de Bizerte (7208)

ARISTIDE BRUANT

Dans la Rue

TROISIÈME VOLUME

CHANSONS & MONOLOGUES

« . . . .
T'es dans la ru', va, t'es chez toi. »

DESSINS DE POULBOT

Publié par l'Auteur
LIBRAIRIE ERNEST FLAMMARION
26, rue Racine, près l'Odéon
PARIS

DU MÊME AUTEUR

Dans la Rue, Tome I, illustré par Steinlen.   **3 fr. 50**

Ce volume contient les chansons : *A Batignolles. — A la Villette. — A Montparnasse. — Marche des Dos. — Ronde des Marmites. — A Saint-Lazare. — A la Roquette. — V'là l'choléra qu'arrive. — Belleville-Ménilmontant. — A Montrouge. — A la Glacière. — A la Bastille. — La Noire. — A Grenelle. — A la Madeleine. — A Montmertre. — A la Chapelle.*
et les monologues : *Philosophe. — Bonne année. — Fantaisie triste. — Sonneur. — Récidiviste. — Les Vrais Dos. — Amoureux. — Côtier. — Soulaud. — Jaloux. — Gréviste. — Casseur de gueules. — Lézard. — Grelotteux.*

Dans la Rue, Tome II, illustré par Steinlen.   **3 fr. 50**

Ce volume contient les chansons : *Dans la rue. — A Mazas. — Géomay. — Les Petits Joyeux. — Aux Bat. d'Af. — A Biribi. — A la Place Maubert. — Les Marcheuses. — Chanson des Michetons. — Au Bois de Boulogne. — Au Bois de Vincennes. — A la Goutte-d'or. — A Saint-Ouen.*
et les monologues : *Pilon. — Aux arts libéraux. — Foies blancs. — Monsieur l' Bon. — Fossoyeur. — Bavarde. — Coquette. — Concurrence. — Crâneuse. — Conasse. — Soupé du mac. — Les Quat' Pattes. — Fins de siècle. — Trempé. — Pus d' patrons. — Exploité. — Heureux.*

Sur la Route, illustré par Borgex. . . . .   **3 fr. 50**

Ce volume contient les chansons : *Alleluia du cheminot. — En Bourgogne. — Les Canuts. — Marche des Bicyclistes. — Serrez vos rangs ! — Les Nases.*
et les monologues : *Sur la route. — Du pain. — Marchand d' crayon. — Innocent. — Terrassier. — A la Richardelle. — Sur Bordeaux. — A Nice. — Monte-Carlo. — A Lyon. — L'hôtel du Tapis vert. — Chevauchée. — Marivaudage. — Crasse originelle. — Marida. — J' suis dans l' Bottin. — Le Bœuf gras. — Les youpins. — L'impôt sur le revenu. — J' m'en fous. — Conseillers municipaux. — Nos amoureuses. — L'impôt sur la rente. — Tanneur. — Saison d'eau. — Riche nature. — Cyclownerie. — Avatar. — Souloloque. — Empiromanie. — Question capitale. — Sagesse. — Contre l'hiver. — Ventrilogie. — Kif-kif. — Emancipation. — Repeuplons. — Toutou. — Anges pour Noël.*

L'ARGOT AU XXe SIÈCLE

DICTIONNAIRE FRANÇAIS-ARGOT

Un fort volume in-8 raisin, de 460 pages ; lettres illustrées par Borgex, médaillon de Levillain. . . . . **10 fr.** »

LIBRAIRIE ERNEST FLAMMARION
26, rue Racine, près l'Odéon, Paris.

TABLE

		Pages.
I	Les Loupiots	7
II	A la Bastoche	15
III	Sous les Ponts.	23
IV	Pour les Fortifs	29
V	Rose Blanche	37
VI	A Pantruche	45
VII	Jalouse	51
VIII	Paillasse.	57
IX	Baryton	63
X	Tzigane	69
XI	Vache	75

XII	Nini-Peau-d'chien	81
XIII	La Terreur des Fortifs	87
XIV	Chant d'Apaches	93
XV	La Lionne	99
XVI	Les Chi'-dans-l'Eau	105
XVII	Galvaudeux	113
XVIII	Sous la Pluie	119
XIX	Réveillon des Gueux	125
XX	Le Dimanche du Trimardeur	133
XXI	Jean du Cogno	137
XXII	Pili	145
XXIII	Les Braves Gens	149
XXIV	Statuophobe	155
XXV	Ta Gueule !	159
XXVI	Pestailles	163
XXVII	Ah ! les Salauds !.	167
XXVIII	Alleluia !	173
XXIX	Mercuriale	179
XXX	Ma Rosse de Gosse	183
XXXI	P'tit-Gris	189
XXXII	Les Culs gelés	195
XXXIII	Sur le Tas	201

LES LOUPIOTS

Les Loupiots

C'est les petits des grandes villes,
Les petits aux culs mal lavés,
Contingents des guerres civiles
Qui poussent entre les pavés.

Sans gâteaux, sans joujoux, sans fringues,
Et quelquefois sans pantalons,
Ils vont, dans de vieilles redingues
Qui leur tombent sur les talons.

Ils traînent, dans des philosophes,
Leurs petits pieds endoloris,
Serrés dans de vagues étoffes...
Chaussettes russes de Paris !

Ils se réchauffent dans les bouges
Noircis par des quinquets fumeux,
Avec des bandits et des gouges
Qui furent des loupiots comme eux.

Ils naissent au fond des impasses,
Et dorment dans les lits communs
Où les daronnes font des passes
Avec les autres et les uns...

Mais ces chérubins faméliques,
Qui vivent avec ces damnés,
Ont de longs regards angéliques,
Dans leurs grands châsses étonnés.

Et, quand ils meurent dans ces fanges,
Ils vont, tout droit, au paradis,
Car ces petits-là sont les anges
Des ruelles et des taudis.

C'est les petits des grandes villes,
Les petits aux culs mal lavés,
Contingents des guerres civiles
Qui poussent entre les pavés.

A LA BASTOCHE

A la Bastoche

Il était né près du canal,
Par là... dans l'quartier d'l'Arsenal,
Sa maman, qu'avait pas d'mari,
L'appelait son petit Henri...
Mais on l'appelait la Filoche,
    A la Bastoche.

I' n' faisait pas sa société
Du géni' de la liberté,
I' n'était pas républicain,
Il était l'ami du Rouquin
Et le p'tit homme à la Méloche,
    A la Bastoche.

A c'tte époqu'-là, c'était l'bon temps :
La Méloche avait dix-huit ans,
Et la Filoche était rupin :
Il allait, des fois, en sapin,
Il avait du jonc dans sa poche,
    A la Bastoche.

Mais ça peut pas durer toujours,
Après la saison des amours
C'est la mistoufe et, ben souvent,
Faut s' les caler avec du vent...
Filer la comète et la cloche,
    A la Bastoche.

Un soir qu'il avait pas mangé,
Qu i' rôdait comme un enragé ;
Il a, pour barbotter l'quibus
D'un conducteur des Omnibus,
Crevé la panse et la sacoche,
    A la Bastoche.

Il était né près du canal,
Par là... dans l'quartier d'l'Arsenal,
Sa maman, qu'avait pas d'mari,
L'appelait son petit Henri..
Mais on l'appelait la Filoche,
    A la Bastoche.

SOUS LES PONTS

Sous les Ponts

« — Eh bien, répliqua le suave rond-
« de-cuir, vous irez coucher sous les
« ponts : il y en a bien d'autres !... (sic)
« L'employé qui envoie coucher le
« public est, en France, de toutes les
« administrations. Mais l'envoyer cou-
« cher... sous les ponts, c'est un raffine-
« ment qui était réservé à la « maternelle »
« Assistance publique. »

(Echo de Paris.)

Gens de sac, de corde et de mèche,
Tondeurs de chats, baigneurs de chiens,
Raseurs de mouisards dans la dèche,
Bons à tout, pégriots, vauriens,
Nous sommes les rôdeurs de berge,
Sous les tabliers nous grimpons...
La première arche est notre auberge...
C'est nous qui couchons sous les ponts.

Miteux, gougnafiers ou poètes,
Pilons, mendigots, purotains,
Fileurs de cloches... de comètes...
Fils de ribauds, fils de putains;
Manchots, aveugles, culs-de-jatte,
Fripes, fripouilles et fripons,
Nous sommes les sans-canijatte...
C'est nous qui couchons sous les ponts.

A travers la fête et les halles,
Les salopes et les gens saoûls,
Les culs terreux et les culs sales,
La nuit, nous chinons quelques sous
Sur les durs pavés de la ville...
Durs pavés que nous retapons !
Nous sommes les sans domicile...
C'est nous qui couchons sous les ponts.

POUR LES FORTIFS

Pour les Fortifs

M'sieu l' Président d'la république,
Excusez-moi, si j' vous écris,
Mais, voilà, faut qu'on vous explique
A caus' des fortifs ed' Paris...
Qu'on dit qu'on va les fout' par terre...
C'est pas drôl' pour le populo,
Et j' comprends pas que l'ministère
S'ay' fourré ça dans l'ciboulo...

Au nom des chemineux d'la ville,
Coureurs de ru's, batteurs d'antifs,
Qui sont des centain' et des mille...
Faut pas démolir les fortifs !

Les fortifs !... Mais c'est la ballade
Des Pantinois, où chaqu' lundi
Les ouvriers, en rigolade,
Vont respirer l'air ed' Bondy
En admirant la bell' nature...
Et s'allonger sur le gazon,
Sous la fumé' des trains d'ceinture
Qui leur obscurcit l'horizon...

Au nom des chemineux d'la ville,
Coureurs de ru's, batteurs d'antifs,
Qui sont des centain' et des mille...
Faut pas démolir les fortifs !

Les fortifs !... C'est la joi' des mômes,
Des malheureux p'tits purotains
Qui peuv'nt pas courir dans les chaumes,
Parc' qu'i's sont des enfants d' putains ;
Parc' que jamais leur moman gagne
Assez pour payer les ch'mins d' fer,
Et qu'i's n' vont pas à la campagne
Mettr' leur petit cul au grand air...

Au nom des chemineux d' la ville,
Coureurs de ru's, batteurs d'antifs,
Qui sont des centain' et des mille...
Faut pas démolir les fortifs !

Les fortifs !... C'est aussi l'asile
Des vaincus, des aînés, des vieux
Qui, n'ayant mêm' pus d' domicile,
Vienn'nt se coucher... là, sous les cieux..
Et, souvent, dans les nuits sereines,
Su' l' talus, qui leur sert de pieu,
I's rêv'nt que c'est la fin d' leurs peines
Et qu'i's sont partis chez l'bon Dieu...

Au nom des chemineux d'la ville,
Coureurs de ru's, batteurs d'antifs,
Qui sont des centain' et des mille...
Faut pas démolir les fortifs !

ROSE BLANCHE

Rose blanche

Alle avait, sous sa toque d'martre,
    Sur la butt' Montmartre,
    Un p'tit air innocent;
On l'app'lait Rose, alle était belle,
A sentait bon la fleur nouvelle,
    Ru' Saint-Vincent.

On n'avait pas connu son père,
    A n'avait pus d' mère,
    Et depuis mil neuf cent,
A d'meurait chez sa vieille aïeule
Où qu'a s'él'vait, comm' ça, tout' seule,
    Ru' Saint-Vincent.

A travaillait, déjà, pour vivre,
  Et les soirs de givre,
    Sous l' froid noir et glaçant,
Son p'tit fichu sur les épaules,
A rentrait, par la ru' des Saules,
    Ru' Saint-Vincent.

A voyait, dans les nuits d' gelée,
    La nappe étoilée,
    Et la lune, en croissant,
Qui brillait, blanche et fatidique
Sur la p'tit' croix d' la basilique,
    Ru' Saint-Vincent.

L'été, par les chauds crépuscules,
    A rencontrait Jules
    Qu'était si caressant
Qu'a restait, la soirée entière,
Avec lui, près du vieux cim'tière,
    Ru' Saint-Vincent.

Mais le p'tit Jul' était d'la tierce
    Qui soutient la gerce,
    Aussi, l'adolescent
Voyant qu'a n'marchait pas au pantre,
D'un coup d'surin lui troua l'ventre,
    Ru' Saint-Vincent.

Quand ils l'ont couché' sous la planche,
    Alle était tout' blanche
    Mêm' qu'en l'ensev'lissant,
Les croqu'-morts disaient qu'la pauv' gosse
Etait claqué' l'jour de sa noce,
    Ru' Saint-Vincent.

    Alle avait, sous sa toque d' martre,
        Sur la butt' Montmartre,
         Un p'tit air innocent ;
On l'app'lait Rose, alle était belle,
A sentait bon la fleur nouvelle,
         Ru' Saint-Vincent.

A PANTRUCHE

A Pantruche

    Brune fille d'Angevins,
Pour tout faire elle était bonne
Chez un vieux marchand de vins,
      A Charonne.

    Quand le maître en eut soupé,
Elle erra, sans domicile,
Sur le pavé retapé,
      A Bell'ville.

    Un soir elle rencontra
Un boucher, sans gigolette,
Qui voulut l'emmener à
      La Villette.

Mais les bouchers sont brutaux,
Elle reçut des torgnolles
Puis, une nuit, s'enfuit aux
      Batignolles...

Fit rencontre d'un cocher
Qui cherchait une femelle
Et qui l'emmena bâcher
      A Grenelle.

Puis, son ventre ayant grossi,
Elle accoucha, dans un bouge,
Par là... pas trop loin d'Issy...
      A Montrouge.

Pour élever l'innocent,
Elle dut se mettre en carte
Et travailler le passant,
      A Montmart'e.

Et voilà !... Mince d'chopin !...
Faut vraiment être guenuche
Pour venir chercher son pain,
      A Pantruche.

JALOUSE

Jalouse

La mienne a drôles de cheveux,
Drôle de nez, drôles de z'yeux...
Gueule rouge qui vous attire,
Perles blanches dans un sourire,
Petit pied cambré, fine main
Au service du genre humain...
Alle est bâti' pour fair' la noce,
          Ma gosse.

A quatorze ans alle était la
Femme d' son frèr'... C'est lui qui l'a
Mise au courant de la musique
Et, pour fair' chanter la pratique,
All' fut vite au diapason.
Puis alle entra dans eun' maison
Où qu'alle a gagné son diplôme,
          Ma môme.

Aujourd'aujord'hui faut la voir
Flirter au salon chaque soir,
Allumant l'un, caressant l'autre,
Faisant du châsse au vieil apôtre
Qui n'en peut plus mais veut encor...
Ah ! c'en est eun' qui gagne d' l'or !
Alle était né' pour le commerce,
        Ma gerce.

Et j' s' rais heureux comme un poisson
Si j'étais pas si paillasson.
Oui, mais voilà, c'est comm' des pommes,
A comprend qu' j'aille avec des hommes
Et qu' j'ay' des amis tant que j'veux.
Mais les femm' a leur saute aux ch'veux ;
Alle est jalous' comme eun' tigresse,
    Ma fesse.

PAILLASSE

Paillasse

Moi, la mienne est née en voiture.
C'est eune espèce d' romani,
Eun' bell' gitane au teint bruni,
Mais alle est paillasse d' nature :
I' faut qu'a pagnotte en roulotte,
Comm' quand all' 'tait chez ses auteurs ;
Tous les ans, au printemps, a s' trotte...
A fout son camp chez les lutteurs.

Chez les gros... les hercules d' foire...
Les Marseille et les Bamboula...
Vraiment ça fait naquer du fla...
Rien qu' d'en parler j'en ai la foire...
J'comprends qu'eun' bergèr' s'embéguine
Pour des artiss's ou des dompteurs
Et mêm' des fois pour eun' coquine...
Mais la mienne y faut des lutteurs.

Et quand c'est la fête à Joinville,
Au Parc, au Trône, à Gentilly,
Et à Montmartre et à Neuilly,
Et à Vincenn' et à Bell'ville,
A peut pus démarrer des planches ;
A jette l' gant aux amateurs,
A guinche, en tortillant ses hanches,
Su' l' tremplin... avec les lutteurs.

A me r'vient quand alle est vannée,
A l'automne, après la saison.
Pis a se r'met dans eun' maison
Où qu'a pourrait fair' tout' l'année
Avec des michets ben honnêtes :
Des miniss's et des sénateurs...
Mais quand er'vient l'époqu' des fêtes,
Faut qu'a r'tourne avec les lutteurs.

BARYTON

Baryton

Oui, mon vieux, me v'là baryton,
Tous les soirs ej' chante au caf' conce,
J'ai d'la gueule et j'attaqu' dans l'ton...
J'fais la pige à Monsieur Léonce...
Et j'pagnotte à tir'-larigot...
C'tte vi'-là, vois-tu, c'est un rêve !...
Les femm's veul'nt toutes d'mézigo...
        J'la r'lève...

Pas au suif... ni à la mi' d' pain...
Non, au beurr' : Rien qu'des femm's du monde !
Chaqu' nuit c'est un nouveau chopin,
J'navigue d'la brune à la blonde.
Et tu sais... pas plan d'y couper,
L'soir, à la sortie, on m'enlève...
C'est à qui m'aura pour souper...
   J'la r'lève.

J'étais pas né pour le turbin :
Dans l'temps, quand nous étions arpettes,
Tous les lundis j'allais au bain
Chez Fill'ry, fair' des galipettes.
Ya pas un métier qui m'allait...
Mais à force d'me mettre en grève
J'ai trouvé celui qu'i' m'fallait
   J'la r'lève.

Oui, mon vieux, ej'fais comm' tu f'rais
Si c'est toi qu'tu s'rais à ma place;
Tu voudrais pas que j'pay' les frais
Quand ej'peux passer d'vant la glace.
Non... D'abord on a ça dans l'sang...
L'père Adam, avec la mère Eve,
Mangeait d'la pomm'... moi c'est du blanc...
      J'la r'lève.

TZIGANE

Tzigane

Rasta, crapule, mendigo,
Aussi bien foutu qu'une entorse,
Aussi crasseux qu'un hidalgo,
Bas du cul et trop court de torse,
Il ne doit pas avoir les fesses
Comme le divin Apollon...
Et pourtant, il plaît aux gonzesses,
    Avec son violon.

Le cheveu luisant et collé
Sur des pariétaux de carpe,
Le regard fauve, un peu voilé
Du marlou pègre ou de l'escarpe,
Le front bas, fuyant, aplati
Sous la chevelure trop noire,
Cet automate ouistiti
Bistré, teinté, couleur de foire
Au pain d'épice, vient chez nous
Pour séduire nos gigolettes,
Pour mendigoter nos gros sous
Et pour épater nos tapettes;
Il va, de l'arrière-boutique
Du mastroquet, dans le salon,
Pour y faire de la musique,
      Avec son violon.

Là, son archet victorieux
S'allonge sur la colophane,
Puis va, descend, remonte aux cieux...
On voit alors notre tzigane
S'agiter sans trêve ni cesse,
Et, nerveux comme un étalon,
Vous enlever une princesse,
    Avec son violon.

VACHE

Vache

Oui, moi j' te l' dis, ma pauv' Alice,
Tu nous courr' avec ton rouquin...
Il est pus chouett' que l' beau Narcisse,
Mais n'empêch' que c'est un coquin
Qui fait ses p'tit's vach'ri' en douce...
Comm' ça... sans avoir l'air de rien...
Pisque j' te l' dis, moi, je l' sais bien :
Il est des raill'... Il est d' la rousse !

C'est lui qu'a fait poisser Hortense,
La femme à Coco l'Hérissé !...
Oui... oui... Tu fais d' la rouspétance...
Mais aujord'hui tout l' monde l' sait :
On sait qu'i' n'a pas d'escrupules,
On sait qu'i' marche avec les mœurs...
Et qu'il est des indicateurs
De la brigade à Mossieu Jules.

Aussi, vois-tu, ma pauv' Alice,
Malgré qu'i' soy' joli garçon,
Pisque ton homme est d' la police
I' faut l' plaquer comme un chausson...
Qu'il aille au bain... Qu'il aille à Dache...
Qu'il aill' planquer où qu'i' voudra...
Tu peux pus t'appuyer c'gonc'-là...
C'est pas un garçon... C'est eun' vache!

NINI-PEAU-D'CHIEN

Nini-Peau-d'Chien

Alle a la peau douce,
Aux taches de son,
A l'odeur de rousse
Qui donne un frisson...
Et de sa prunelle,
Aux tons vert-de-gris,
L'amour étincelle
Dans ses yeux d'souris.

   A la Bastille
   On aime bien
  Nini-Peau-d'chien :
Alle est si bonne et si gentille
   On aime bien
  Nini-Peau-d'chien
   A la Bastille.

Quand le soleil brille
Dans ses cheveux roux,
L' géni' d'la Bastille
Lui fait les yeux doux,
Et, quand a s'promène,
Du bout d' l'Arsenal,
Tout l'quartier s'amène
Au coin du canal.

   A la Bastille
   On aime bien
  Nini-Peau-d'chien :
Alle est si bonne et si gentille !
   On aime bien
  Nini-Peau-d'chien
   A la Bastille.

Mais celui qu'alle aime,
Qu'alle a dans la peau,
C'est Bibi-la-Crème,
Parc' qu'il est costeau,
Parc' que c'est un homme
Qui n'a pas l' foi' blanc,
Aussi faut voir comme
Nini l'a dans l' sang !

    A la Bastille
    On aime bien
   Nini-Peau-d'chien :
Alle est si bonne et si gentille !
    On aime bien
   Nini-Peau-d'chien
    A la Bastille.

LA TERREUR DES FORTIFS

La Terreur des Fortifs

« Cette femme, nommée Marie Ret, dite la « Terreur des Fortifs », mettait souvent la main à la besogne.

« Agée de vingt-huit ans, grande, élancée, assez jolie, bien qu'elle ait la figure balafrée de coups de couteau, Marie Ret est une véritable héroïne de roman. Très vigoureuse, elle a souvent « expédié son homme » ; sa spécialité était de jeter à l'eau ses victimes.

« Dans son logement on a trouvé plus de trente paires de souliers en cuir jaune, provenant des dépouilles de ses victimes. « François, son amant, avait en effet une préférence marquée pour les souliers de cette couleur, et lui et sa maîtresse attaquaient souvent des passants attardés, uniquement pour s'approprier leurs chaussures estivales. »

(*Intransigeant*).

Grande, élancé', carne, d'attaque,
Le poing dur et bien attaché;
Ferme et râblé', sous la casaque,
Ell' faisait la chasse au michet,
A coups d'surin ou d'sucre d'pomme,
Et, souvent, la batteus' d'antifs,
Comme un mâle, abattait son homme ..
C'était la Terreur des Fortifs.

Pour assurer la bonn' gal'touze,
A dégringolait l' poivrio,
Faisant la redingue et la blouse,
Le bourgeois, comme l'ouvrio ;
Mais quand le pauvre homme était meule,
A te l'empoignait par les tifs
Et lui tambourinait la gueule. .
C'était la Terreur des Fortifs.

La cible trouée à coups d' lingue
Par les caress's de ses mectons,
En leur barbotant leur morlingue,
A' s'vengeait sur les beaux mich'tons...
Et, pour avoir leurs souliers jaunes,
A surinait des gens comifs,
A la barb' des flics et des launes...
C'était la Terreur des Fortifs.

CHANT D'APACHES

Chez un bistro du quartier d'la Viltouse,
Les barbillons trinquaient à la santé
D'un d' leurs poteaux qui décarrait d' centrouse,
Et l'on chantait : Vive la liberté !

    Ohé ! les apaches !
    A nous les eustaches,
    Les lingues à viroles,
    Les longes d'assassins
    Pour le bidon des roussins
    Et pour le ventre des cass'roles.

Tant pis pour vous, Messieurs de la raclette,
Tant pis pour vous, Messieurs les collégiens,
Faut pas chercher les garçons d'la Villette,
Car leurs couteaux sont pas faits pour les chiens.

    Ohé ! les apaches !
    A nous les eustaches,
    Les lingues à viroles,
    Les longes d'assassins
    Pour le bidon des roussins
    Et pour le ventre des cass'roles.

Quand les flicards veul'nt nous ceinturer d'rifle,
Nous fabriquer, nous conduire à la tour,
Marrons su' l'tas, ces jours-là ya d'la r'biffe :
On leur-z-y met son vingt-deux dans l'tambour.

      Ohé ! les apaches !
      A nous les eustaches,
      Les lingues à viroles,
      Les longes d'assassins
      Pour le bidon des roussins
      Et pour le ventre des cass'roles.

Faut pas non pus aller s'frotter derrière
Nos p'tit's bergèr's qui s'ballad' icigo...
Ou ben, sans ça, gare à la boutonnière !
Gare au coup d'scion dans l' lidonbem du go !

      Ohé ! les apaches !
      A nous les eustaches,
      Les lingues à viroles,
      Les longes d'assassins
      Pour le bidon des roussins
      Et pour le ventre des cass'roles.

D'abord nous aut' on fait pas d' politique,
On vot' toujours pour el' gouvernement,
On s' fout du roi comme ed' la république,
Pourvu qu'on puiss' travailler tranquill'ment.

    Ohé ! les apaches !
    A nous les eustaches,
    Les lingues à viroles,
    Les longes d'assassins
    Pour le bidon des roussins
    Et pour le ventre des cass'roles.

LA LIONNE

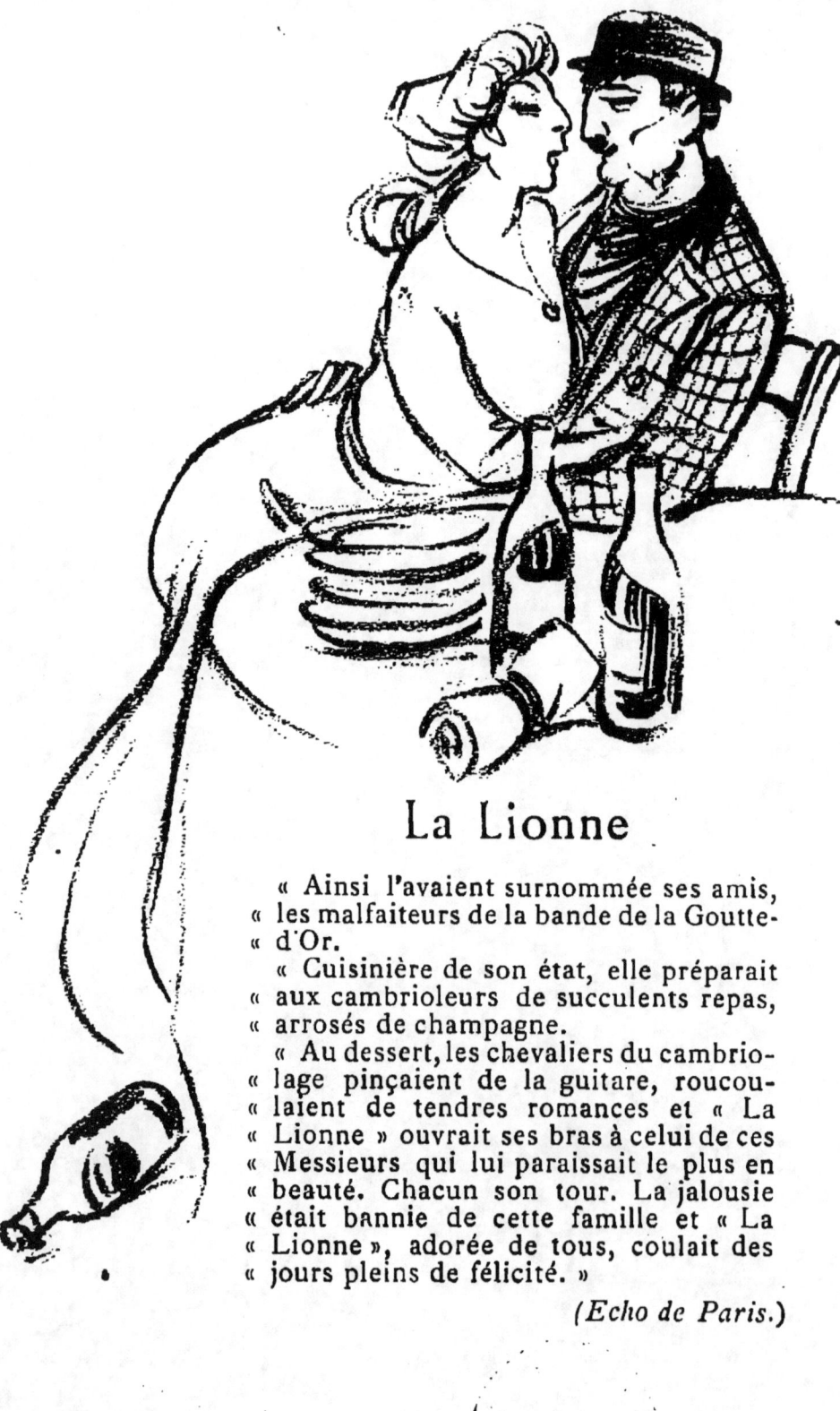

La Lionne

« Ainsi l'avaient surnommée ses amis, les malfaiteurs de la bande de la Goutte-d'Or.

« Cuisinière de son état, elle préparait aux cambrioleurs de succulents repas, arrosés de champagne.

« Au dessert, les chevaliers du cambriolage pinçaient de la guitare, roucoulaient de tendres romances et « La Lionne » ouvrait ses bras à celui de ces Messieurs qui lui paraissait le plus en beauté. Chacun son tour. La jalousie était bannie de cette famille et « La Lionne », adorée de tous, coulait des jours pleins de félicité. »

(Echo de Paris.)

Rouge garce... A la Goutte-d'Or
Elle reflétait la lumière
Du chaud soleil de Thermidor
Qui flamboyait dans sa crinière.
Ses yeux, comme deux diamants,
Irradiaient en vives flammes
Et foutaient le feu dans les âmes...
La Lionne avait cinq amants.

Le Fêlé, la Barre de Fer,
Petit-Louis le grand chef de bande,
Et Dos-d'Azur... et Monte-en-l'Air
Se partageaient, comme prébende,
Les soupirs, les rugissements,
Les râles de la garce rouge
Et cohabitaient dans son bouge...
La Lionne avait cinq amants.

Et tous les cinq étaient heureux.
Mais, un matin, ceux de la rousse,
Arrêtèrent ses amoureux
Dans les bras de la garce rousse.
Ce sont petits désagréments
Assez fréquents dans leur commerce...
Or ils en étaient de la tierce !
La Lionne et ses cinq amants.

LES CHI'-DANS-L'EAU

Les Chi'-dans-l'Eau

C'est leur nom, ya rien à y faire,
Les matelots sont des joyeux,
Et si c'nom-là fait leur affaire
Ils l'chang'ront pas pour vos beaux yeux.
C'est un nom qu'a du caractère,
Dam', quand i's sont su' leur bateau,
I's peuv'nt pas fair' ça su' la terre,
   Les Chi'-dans-l'eau,
  En avant les Chi'-dans-l'eau !

Oui, voilà comme on les appelle,
Mais c'est des chic et des poilus,
Des gonciers qui font pas flanelle,
Des clients comme on n'en fait plus...
Et les jours qu'i's s'amèn' au claque,
On sait qu'i's vienn'nt pas pour la peau :
I' leur en faut, i's sont d'attaque
   Les Chi'-dans-l'eau,
  En avant les Chi'-dans-l'eau !

En avant !... V'là les Bitte et Bosse,
I's arriv' avec leur pognon...
Leur faut du champagne et d' la soce,
Faut tortiller du troufignon.
En avant la gigue et la bombe !
Leur faut tout c' qu'i' ya d' pus costeau,
Tout c' qu'i' ya d'pus chouette en les bombe
    Aux Chi'-dans-l'eau,
   En avant les Chi'-dans-l'eau !

Quand i's ont boulotté leur pèze
Et qu'on veut leur parler raison,
Nom de Dieu !... Minc' de Marseillaise !..
I's chahut'nt tout dans la maison.
Pis, avant qu' la garde rapplique,
I's tap'nt su' la gueule au barbeau...
En criant : — Viv' la république !
    Les Chi'-dans-l'eau,
    En avant les Chi'-dans-l'eau !

N'empêch'pas qu'on les gob' tout d'même,
Autant pour eux comm' pour leur sac,
Malgré qu'on soy' des fill' en brême,
On aim' les gars qu'a d' l'estomac...
Quand on crie : — En avant la flotte !
Et qu'i' faut emporter l' morceau...
I's n' flasquent pas dans leur culotte,
    Les Chi'-dans-l'eau,
      En avant les Chi'-dans-l'eau !

GALVAUDEUX

Galvaudeux

Su' la grand' route qui m'attire
Et qu'j'aim' comm' si qu'a s'rait à moi,
J' marche au soleil... On peut rien m' dire,
Mon faffe est en règle. Et pis, quoi ?...

Ej' fais pas d'mal. Ej' suis la route :
J' vas où qu'a veut... J'vas où qu'a va...
Toujours tout droit. Quéqu'ça peut m'foute
Que j' soye ici... ailleurs... ou là !...

J' suis ben partout... Ej' me contente
D'un chignon d' pain à chaque r' pas,
Avec un verr' d'eau, v'là ma rente...
J'suis heureux pisque j'turbin' pas!

J' m'en fous que l' pain i' soye en grève
Pourvu qu'on m'en donne un morceau.
Vrai, ça vaut pas la pein' qu'on s'crève
Pour en manger et boir' de l'eau.

Dans l'temps j' me r' butais tout' l'année,
Chez des bourgeois qu' avaient du bien,
Et qui m' prenaient à la journée.
Au jour d'aujord'hui j' fous pus rien.

Travailler c'est pas mon affaire,
Et si j'avais pus tôt pensé
Qu' c'était si beau de ne rien faire,
Ya longtemps qu' j'aurais commencé.

SOUS LA PLUIE

Sous la Pluie

Cochon d' temps! Vrai, c'est épatant!
V'là 'core un été-z-à la manque :
I' pleut toujours... i' pleut si tant
Que j' peux pas décarrer d'eun' planque
Sans êt' traversé jusqu'aux os !
Quiens!... v'là la plui' qui m' débarbouille,
A' m' coul' jusque dans l' bas d' mon dos...
Et ma rai' lui sert ed' gargouille.

Cochon d' temps! Vrai, c'est épatant!
Ça dégouline et ça dégoutte.
Avec ça... j'ai rien dans l' battant...
C'est dur ed' trimer su' la route
Par es' temps-là. Vrai, qué turbin!
Avec ma chaussur' dépiotée,
J'ai l'air ed' marcher dan' un bain,
Su' des s'mell' en galett' feuill'tée.

Parbleu! c'est sûr qu'i' s'en fout bien
C'ui-là qu'a son cul su' sa chaise,
Au coin d' son feu... Ça n'y fout rien...
Tandis qu' moi, j'ai l' cul mal à l'aise
Dans mon falzar mouillé, crotté
Par l'eau qui gicle des ornières,
Et cell' qui coule d' chaq' côté
D' mes jamb's qu'a l'air ed'deux gouttières.

Et tous les ans c'est bourrico.
Ça va pus... Ça marche d' traviole...
L' bon Dieu s'a mis ça dans l'coco
Dedpuis qu'il a soupé d' not' fiole.
Dame, c't homme, il est dégoûté :
On l'rase avec la politique...
Paraît qu'i' pleut comm' ça l'été,
Parc' qu'i' n' veut pus d' la république.

RÉVEILLON DES GUEUX

Musique d'ANDRÉ FIJAN.

Minuit! c'est l'heure solennelle,
Il va descendre, l'Homme-Dieu!
Dans les lointains, la cloche appelle
Les vagabonds sans feu ni lieu.
Ils s'en vont sous l'immense voûte,
Ils avancent, le ventre creux!
Et les durs cailloux de la route
Font saigner leurs pieds douloureux.

Marchez, les gueux, suivez les Mages
Qui s'en vont, les yeux dans le ciel,
A Jésus porter leurs hommages,
　　　Noël !
　Il mourra sur la Croix
Pour vous faire asseoir à sa table
Avec les princes et les rois !
　Marchez vers l'étable,
　　Marchez avec eux,
　　Marchez, les gueux !

Noël ! Hosannah ! Les archanges
Chantent : Chrétiens, il est minuit ;
Les va-nu-pieds quittent les granges
Et s'orientent dans la nuit,
Vers les cloches qui carillonnent
La gloire du Dieu triomphant !
Marchez, les prêtres réveillonnent.
Il est né, le Divin Enfant...

Marchez, les gueux, suivez les Mages
Qui s'en vont, les yeux dans le ciel,
A Jésus porter leurs hommages,
    Noël !
  Il mourra sur la Croix
Pour vous faire asseoir à sa table
Avec les princes et les rois !
    Marchez vers l'étable,
    Marchez avec eux,
    Marchez, les gueux !

Le Dimanche du Trimardeur

C'est pas qu' j'ay' de la r'ligion,
Je n' fréquent' pas à la messe ;
Et, dedpuis ma communion,
J'ai pas été-z-à confesse.
Pourtant j'fais comme l'bon Dieu :
Tous les septièm' jours ej' flanche,
Et j'me r'pose au coin d'mon feu...
Moi je n'marche pas l'dimanche.

L'coin d'mon feu, c'est l' coin d'un bois,
Toujours auprès d'eun' rivière,
Où qu'tous les sept jours, eun'fois,
J'fais un bouillon, d'la première,
Avec eun' tête d' mouton
Dont après je m'paye eun' tranche...
C'est mon p'tit jour de gueul'ton...
Moi je n'marche pas l'dimanche.

Après j'me fais un café
Allongé d'eun' petit' goutte,
Et, quand mon festin-z-est fait,
Au lieu d'rester à rien foute,
Ej' lav' mon linge au ruisseau
Pour avoir eun' chemis' blanche,
Pis j'me mets les pieds à l'eau...
Moi je n' marche pas l'dimanche.

Le soir, quand l'jour est fini,
J'm'allong' su' l'dos, su' la terre,
Et je r'gard' dans l'infini,
Où qu'paraît qu'ya notre père.
Malgré que j'n'ay' pas la foi,
Je m'dis, en faisant la planche :
Notre Père est content d'moi
Pisque j'marche pas l'dimanche.

JEAN DU COGNO

Jean du Cogno

Légende Sénonaise

Or, sous Philippe de Valois,
L'intègre Pierre de Cugnières,
Avocat, défenseur des lois,
Et des coutumes séculières,
Au nom du roi s'est insurgé
Contre les princes du clergé.

    Et c'est pour tout cela
    Que ce bon bougre-là,
    Ce bon bougre de pierre,
    De Pierre de Cugnières,
Bien qu'il ne fût doux comme agneau
Est devenu Jean du Cogno.
    Gloria Domino !

Mais Philippe l'abandonna
Et depuis, dans nos cathédrales,
Le clergé qui ne pardonna,
Contre les parois latérales,
Fit sculpter, très grotesquement,
Le procureur du Parlement.

    Et c'est pour tout cela
    Que ce bon bougre-là,
    Ce bon bougre de pierre,
    De Pierre de Cugnières,
Bien qu'il ne fût doux comme agneau
Est devenu Jean du Cogno.
    Gloria Domino !

Quand les noirs bedeaux éteignaient
Après les chants et les prières,
D'un coup d'éteignoir ils cognaient
Le nez de Pierre de Cugnières
Qui, pendant longtemps résigné,
S'appela Pierre du Cogné.

    Et c'est pour tout cela
    Que ce bon bougre-là,
    Ce bon bougre de pierre,
    De Pierre de Cugnières,
Bien qu'il ne fût doux comme agneau
Est devenu Jean du Cogno.
    Gloria Domino !

Puis tout doucement on en vint
De Pierre à Jean sans qu'on y pense,
Puis, un peu plus tard, il advint
Que l'on changea, sans nulle offense,
De Cogné l'*e* final en *o*
Et cela fit Jean du Cogno.

    Et c'est pour tout cela
    Que ce bon bougre-là,
    Ce bon bougre de pierre,
    De Pierre de Cugnières,
Bien qu'il ne fût doux comme agneau
Est devenu Jean du Cogno.
    Gloria Domino!

PIERRE DE CUGNIÈRES

En 1329, Philippe de Valois, roi de France, voulant faire cesser les conflits de juridiction qui s'élevaient fréquemment entre le clergé et la noblesse, convoqua, dans son palais, une assemblée où se trouvèrent réunis un grand nombre de prélats et de barons de France.

Pierre de Cugnières, écuyer, conseiller du roi, y fit les fonctions d'avocat général et porta la parole.

Il exposa les griefs des seigneurs laïques, défendit l'autorité temporelle et soutint les droits du roi contre Roger, archevêque de Sens, ancien garde des sceaux, qui défendait les droits de la papauté.

Philippe crut devoir s'abstenir de prononcer sur-le-champ, mais, par la suite, le clergé eut gain de cause et l'archevêque Roger devint pape, sous le nom de Clément VI.

Quant au brave Pierre de Cugnières, qui avait soulevé contre lui les colères du clergé, on le tourna en ridicule ; sa tête, grotesquement sculptée, fut placée dans beaucoup d'églises et de cathédrales ; on l'appela ironiquement Pierre du Cuignet, du Coignet, du Coignot, et s'il ne fut pas excommunié, ce fut grâce à l'énergique intervention du comte de Sens ; mais, tous les ans, une cérémonie simulant l'excommunication était célébrée devant son effigie.

Jacques Dubreuil rapporte, dans ses *Antiquités de Paris*, que l'on a donné le nom de Pierre de Cuignet « *à une petite et laide figure qui est à Notre-Dame,* à *un coin du jubé du midi, au-dessus de la figure d'Enfer;* » et voici le premier couplet d'une chanson du temps, composée sur cette caricature de Pierre de Cugnières :

> Venez, venez, venez, venez,
> Voir maistre Pierre du Cognet.
> Sans causes il n'a pas de renom :
> C'est une gratieuse imaige ;
> Amoureux, doux et mignon,
> En un souverain visaige,
> Il a un peu faute de nez :
> Mais seurement je vous promets
> Que ne connûtes onc si doucet.
> Le plus godin de tous les laïcs,
> C'est maistre Pierre du Cognet.
> Venez, venez, venez, etc.

« Dans la cathédrale de Sens, dit M. Francisque Sarcey, il y a, ou du moins, il y avait quand j'étais enfant, une petite figure sculptée sur un des piliers, à une assez grande hauteur. On l'appelait, je ne sais pourquoi, la tête à Cogniot ou Cognot sans i, et c'était une tradition que les bedeaux et autres servants de l'église, quand ils passaient armés de leurs longs éteignoirs, en donnassent un coup sur le nez du pauvre Cogniot. Il me semble même me rappeler que lorsque, tout gamins, nous passions devant le pilier légendaire, nous nous amusions à lancer au visage de la petite statuette des boulettes de mie de pain et de papier mâché ».

Or, la figurine sur le nez de laquelle le petit Sarcey envoyait des boulettes de papier mâché est toujours dans la cathédrale de Sens, et les Sénonais l'appellent, aujourd'hui, Jean du Cogno.

PILI

Pili

« Adieu, Pili... petite chienne... »
. . . .
On s'était trouvé dans la rue,
La nuit. Elle était accourue :
« Emmène-moi, je serai tienne,
(Avait dit le bon petit chien,)
Tu verras... je t'aimerai bien,
Veux-tu ?... je ne suis à personne. »
J'avais adopté la mignonne.

Et, pendant quinze ans, chaque jour,
Elle fut la petite bête
Qui vous attend et qui vous fête,
Qui vous dit bonsoir et bonjour.
La petite bête qui lèche
La main... Ah! les yeux, les bons yeux,
Toujours contents, toujours joyeux,
Les jours d'opulence ou de dèche.

Hélas ! ces bons yeux que j'aimais,
Je ne les verrai plus sourire...
Je les ai fermés pour jamais...
Et je pleure... Ça vous fait rire ?
Vous les...

. . . .
. . . .
. . . .

J'ai perdu mon bon petit chien,
Aussi ma douleur est extrême,
Mais, pour qu'il se repose bien,
Pour qu'il s'endorme doucement,
Je l'ai couché bien chaudement
Et je vais l'enterrer moi-même...

. . . .

« Adieu, Pili... bon petit chien. »

LES BRAVES GENS

Les Braves Gens

Qu'ils soient ou de rue ou de race,
D'appartements ou de jardins,
Chiens de berger ou chiens de chasse,
Ou culs terreux ou citadins,
Les chiens sont fidèles au maître,
Et, bien qu'ils soient intelligents,
Jamais l'un d'entre eux ne fut traître...
Tous les chiens sont de braves gens.

Tous... Et surtout les quatre pattes,
Les clebs qui ne sont jamais pris,
Qui vont sans maître... sans pénates...
Et, chiens libres dans leur Paris,
Y trouvent le gîte et la soupe...
Ils sont voyous... intransigeants...
Mais ils marchent avec la troupe...
Tous les chiens sont de braves gens.

De braves gens, de bonnes bêtes
Qu'une caresse rend joyeux,
Et dont les grands yeux bien honnêtes
Vous regardent droit dans les yeux ;
Qui, souvent, partagent leur niche
Avec les petits indigents,
Comme Toutou, le bon caniche...
Tous les chiens sont de braves gens.

Chiens de Paris, chiens de province,
Chiens de riches... de purotains,
Chiens de manants ou chiens de prince,
Chiens de bigotes... de putains,
Chiens errants ou chiens à l'attache,
Et vous, courageux chiens d'agents
Qui faites la chasse à l'apache...
Vous êtes, tous, de braves gens !

Statuophobe

*(L'Accusé désignant le ministère
public au Président :)*

— Non, mon Président, c'est d' la blague !
Quoiqu'i' dit, c'ui-là ?... que j' suis fou.
J'suis pas fou... C'est lui qui divague...
Et pis si j' suis fou, quèqu'ça fout ?
Ça n'fout rien... on s'y habitue...
Puis, d'abord, moi, vous comprenez,
Je n' peux pas voir une statue
Sans vouloir y taper dans l' nez.

(S'adressant au Tribunal :)

J' vous en fais jug's, messieurs les juges,
Des statu's!... Yen a t'i' pas d' trop?
Yen a bentôt su' tous les r'fuges!...
Qu'un mossieu dégote un sirop,
Un' pastille, un' compote anglaise,
Et qu'i' claqu' vingt-quatre heur' après,
On te l' pétrit dans d' la terr' glaise...
On l' fait en marb', en pierre, en grès.

J' comprends la statu' d' Charlemagne,
J' comprends aussi celle d' l'emp'reur;
Entendons-nous, pas c'ui d'All'magne...
Non... l' nôtre, à nous... Ya pas d'erreur.
Avant tout, moi, j' veux qu'on s'explique :
J' suis Français, Parigo, Chauvin
Et j' marche avec la République.
Mais quand j'ai bu deux verres d' vin
Et qu' m'arrive d'voir, dans la rue,
Un inconnu, que j' connais pas,
Me r'garder du haut d'sa statue,
J'ai des envi's de l' foute en bas!...
Mais j' veux pas pour ça qu'on m'engueule,
Car si j' mont' su' son piédestal
Pour y tambouriner la gueule,
J' demande à qui que j' fais du mal?

TA GUEULE

Ta Gueule

Un jour, en correctionnelle,
Mossieu le Président Dupont
Demande comment on l'appelle
A l'accusé qui ne répond.
Alors, le Président, bonhomme,
Reprend : — Voyons, Bibi-la-Peau,
Dites-nous comment l'on vous nomme.

L'ACCUSÉ :
— Ta gueule, eh veau !

Le Président eut un sourire...
C'était un réjoui bontemps,
Très amateur du mot pour rire,
Très gai, malgré ses soixante ans :
— Ah ! vraiment ! dit-il, elle est forte !
Mais qu'avez-vous donc dans la peau
Pour vous exprimer de la sorte ?

L'ACCUSÉ :
— Ta gueule, eh veau !

Du bout du banc de la défense,
L'avocat, maître Gagnerien,
Criait... réclamait l'indulgence,
Hurlait : — Messieurs, comprenez bien :
Mon client a perdu la tête,
C'est un pauvre bougre... un fourneau...
Il est insolent mais honnête !

L'ACCUSÉ :
— Ta gueule, eh veau !

Lors, se levant, le ministère
Public dit à Bibi-la-Peau :
— Je vous conseille de vous taire,
Car c'est vous qui faites le veau...
Et, malgré vos airs de bravache,
On va vous mettre à la raison :
   (*Au Tribunal :*)
Je requiers deux ans de prison...

L'ACCUSÉ :
— Ta gueule, eh vache !

PESTAILLES

Pestailles

Sûr que j'm'en fous du choléra
Et pis d'la peste bubonique !
La vrai' peste... l'phylloxera
C'est ceux d'la boîte... d'la boutique
Du coin du quai. Vous savez bien :
Les mouchards, les cogn' et les railles
Qui s'occup'nt de tout... et de rien...
      C'est les pestailles.

C'est les roussins quoi!... ces messeurs,
Qui voi'nt tout, d' l'île à la barrière,
Comm' celui-là qu'avait deux yeux,
L'un par devant, l'autr' par derrière,
C'est eux qui poiss'nt les pégriots :
Les gros du chichi d'la haut' banque...
I's poiss' aussi les maigriots...
Les p'tits monte-en-l'air à la manque.
On peut pas poisser qu' les rupins,
   Faut aussi poisser la friture...
Les barbillons, les marloupins,
Leurs gonzess's et la fourniture.
I's poiss'nt les malins, les gogos,
Les honnêt's gens et les canailles,
I's poiss'nt tout, mêm' les mendigots!
      C'est les pestailles.

Mais quand i' faut donner l'coup d'fion,
Quand i' faut ceinturer un marle,
Ya des fois qu'i's poiss' un coup d'scion ;
(J'en ai foutu... moi que j'vous parle),
Mais i's m'ont jamais ceinturé...
Ej'gliss' toujours entre les mailles,
Et quand i's pass'... ej'crie : Acré !
      V'là les pestailles !!

AH! LES SALAUDS!

Ah! les Salauds!

I's sont des tin', i's sont des tas,
Des fils de race et de rastas,
Qui descendent des vieux tableaux,
           Ah ! les salauds !

I's sont presque tous décorés,
I's ont des bonn's ball's de curés,
On leur-z'y voit pus les calots,
           Ah ! les salauds !

I's sont presque tous mal bâtis ;
I's ont les abatis trop p'tits
Et des bidons comm' des ballots,
           Ah ! les salauds !

Rapport que tous ces dégoûtants
I's pass'nt leur vie, i's pass'nt leur temps
A s'empiffrer des bons boulots,
           Ah ! les salauds !

Le soir i's vont dans des salons,
Pour souffler dans leurs pantalons,
Oùsqu'i's envoy'nt des trémolos,
            Ah! les salauds!

Après i's s'en vont vadrouiller,
Picter, pinter, boustifailler
Et pomper à tous les goulots,
            Ah! les salauds!

Ensuite i's vont dans les endroits
Oùsqu'i' va les ducs et les rois,
Là où qu'y a qu' les volets d'clos,
            Ah! les salauds!

Quand on les rapporte, l'matin,
I's sent'nt la vinasse et l' crottin
Qu'i's ont bu' dans les caboulots,
            Ah! les salauds!

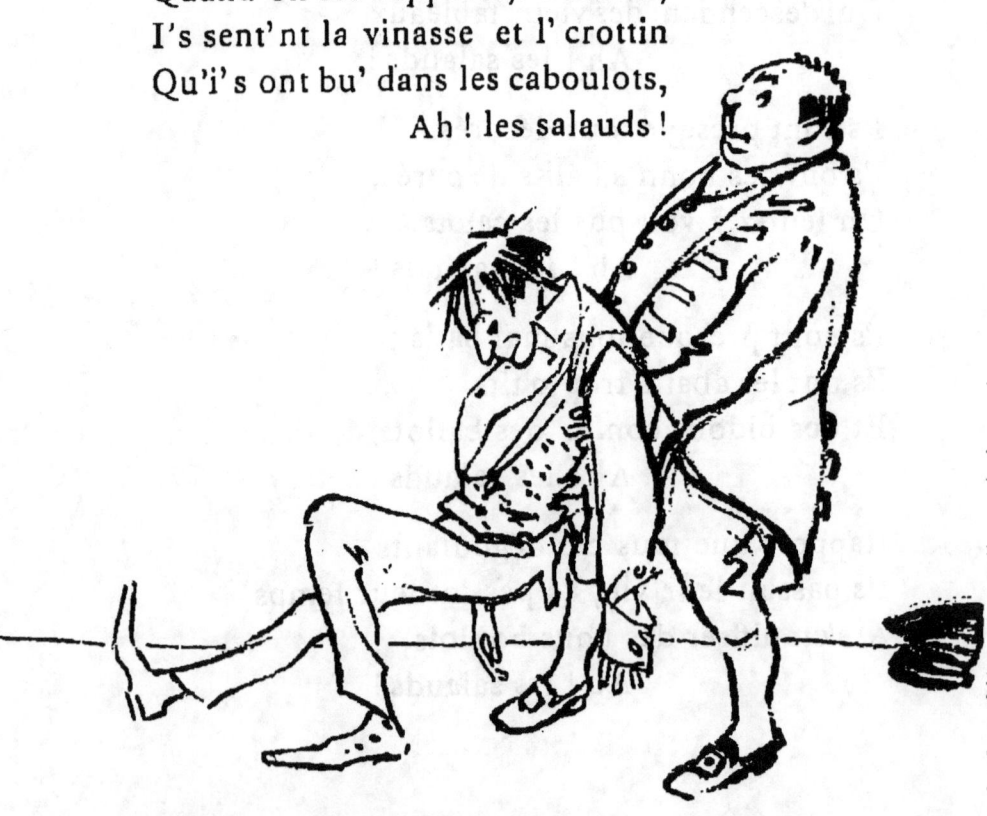

Eh ben ! c'est tous ces cochons-là
Qui font des magn' et du flafla
Et c'est nous qu'i's appell'nt soulauds,
         Ah ! les salauds !

I's sont des tin', i's sont des tas,
Des fils de race et de rastas,
Qui descendent des vieux tableaux,
         Ah ! les salauds !

ALLELUIA !

Alleluia !

Paraît qu'au Moulin Rouge un soir,
Un' grand' fill' plat' comme un rasoir,
Cherchait c'qu'on cherch' dans c'tte boit'-là.
   Alleluia !
Alleluia ! Alleluia ! Alleluia !

Ell' n'était pas tout c'qu'y'a d' mieux,
Mais comme ell' n'travaillait qu'dans l'vieux,
Ell' turbinait, par ci, par là.
   Alleluia !
Alleluia ! Alleluia ! Alleluia !

Elle aperçut un vieux, pas beau :
De loin, on aurait dit du veau,
Ça n'empêch' pas qu'ell' l'aborda.
   Alleluia !
Alleluia ! Alleluia ! Alleluia !

Vide, Monsieur, *vide* mes mains,
Vide mes pieds, *vide* mes seins,
Ma taill', ma gorge et *cœtera*.
   Alleluia !
Alleluia ! Alleluia ! Alleluia !

Quand le Monsieur eut vu tout ça,
On n'sait pas ce qu'il en pensa,
Mais il paraît qu'il s'écria :
Alleluia !
Alleluia ! Alleluia ! Alleluia !

Aussi, voulant juger d'plus près,
Tous ces appas, tous ces attraits,
Avec la belle il se trotta.
Alleluia !
Alleluia ! Alleluia ! Alleluia !

La suit'... je n'la connais pas bien...
Mais je connais un pharmacien
Qui prétend que l'vieux en crèv'ra.
Alleluia !
Alleluia ! Alleluia ! Alleluia !

MERCURIALE

Mercuriale

Oui, sal' guenon, oui, v'là c'que j'ai !
Et j'la trouv' raide et j'la trouv' dure :
Faut que j'me mette à l'iodure,
Paraît que j'suis bien arrangé !
Tiens, asseois-toi là, sal' pétasse,
Bonne à tout faire et propre à rien,
Er'garde-moi don' bien en face,
Que j'te dis' que t'es-t'un' peau d'chien...

Que j'te dis' tes quat' vérités,
Que j't'engueule et que j't'abomine :
Canard boiteux, denré', vermine !
Prends don' pas tes airs épatés.
Voiri'!... Choléra sans limace,
Outil d' besoin, chausson, trumeau,
Er'garde-moi don' bien en face,
Que j'te dis' que t'es-t'un chameau.

Gadou'!... Fumier, poussier, torchon,
Chiffon d'pied, morceau d'chaussett's russes,
Lanterne à poux, caserne à puces,
Gésier d'putois, vessi' d'cochon.
Rouchi', vezon, pucier, paillasse,
Viande à corbeau !... Viande à fourgon,
Er'garde-moi don' bien en face,
Que j'te dis' que t'es-t'un wagon.

Salé gâté !... Rognur' d'étal,
Pompe à Richer, boîte à pétrole,
Chair à bubon, chair à cass'role,
Chair à charcut'ri' d'hôpital.
Ragoût poivré !... Gibier malade,
Dépêch'-toi d'plaquer mézigo
Et d'prendre l'panier à salade
Pour t'en aller à Saint-Lago.

Ma Rosse de Gosse

Ma rosse
De gosse !...
Y a déjà pas mal de temps,
Quand alle avait sept ou huit ans,
A d'meurait su' la plac' du Tertre,
Tout là-haut, là-haut, à Montmertre,
A s'épanouissait, en sautant,
Au pied du Sacré-Palpitant...

> Ma rosse,
> De gosse !...

A bazardait aussi des fleurs
Qu'étaient moins fraîch's que ses couleurs :
Des boutons d'rose et d'la violette,
Autour du moulin d'la galette ;
A faisait du plat aux garçons
Et du châsse aux vieux polissons...

> Ma rosse
> De gosse !...

Alle allait quéqu' fois aux fortifs,
Avec un ruban dans ses tifs
Et des faveurs à sa liquette ;
All' tait déjà vache et coquette...
A garçonnait dans les fossés,
Alle en avait jamais assez...

> Ma rosse
> De gosse !...

On la rencontrait, en passant,
Dans les coins d'la ru' Saint-Vincent ;
Mais, de saut d'mouton en culbute,
Alle a dégringolé d'la butte,
Et, du Rochechouart à Clichy,
A fait son truc et son chichi...

       Ma rosse
          De gosse !...
Tous les matins a prend son bain,
A dit, comm' ça, qu'pour le turbin
I' vaut mieux avoir la gueul' fraîche,
Et les pieds blancs, et la peau d'pêche...
On la lich'rait comme un bonbon,
Tant qu'alle est prope et qu'a sent bon...

       Ma rosse
          De gosse !...
Oui... faut voir les michets qu'alle a !...
Et du pèze en veux-tu n'en v'là !...
Qu'a soye en peau, qu'a soye en robe,
Tout l'mond' la veut, tout l'mond' la gobe !...
La sacré' môme... j'la connais,
A veut finir au Chabanais !

P'TIT-GRIS

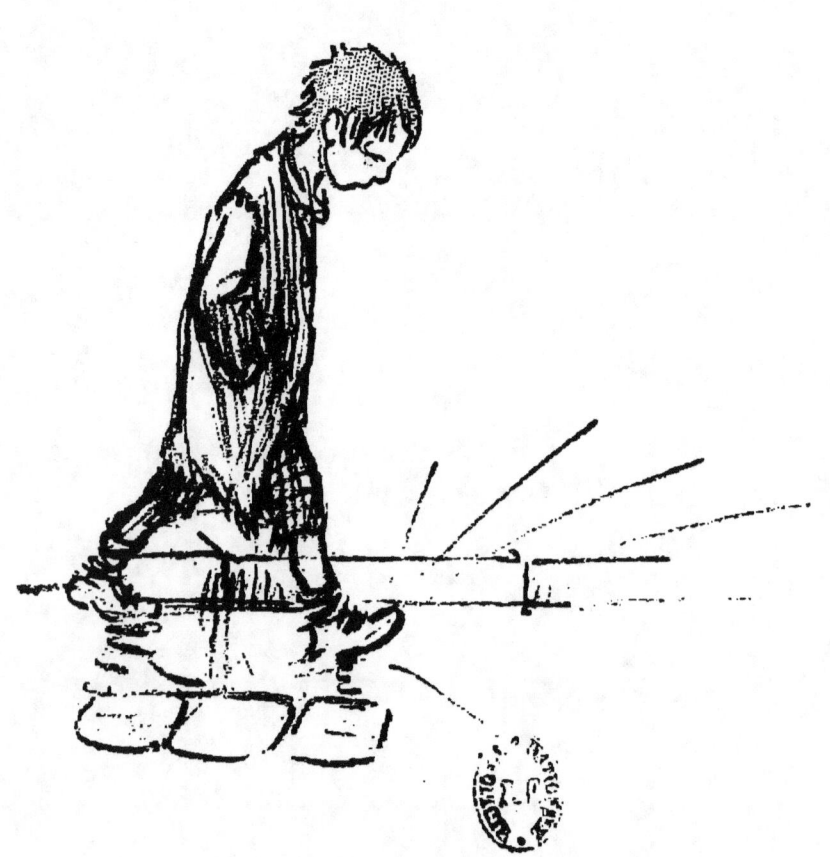

C'est en hiver qu'on m'a trouvé,
Un beau matin, sur le pavé,
Entortillé dans un bout d'laine,
  Près d'la Seine.
Et j'ai poussé, tout doucett'ment,
Sans savoir pourquoi, ni comment,
Avec les mômes d'la racaille
  Et d'la canaille.

  C'est moi P'tit-Gris,
 Le p'tit loupiot des ru's d'Paris,
  Et dans la grand' ville,
  Où que j'me faufile,
  Tous les soirs ej' crie :
  D'mandez... *La Patrie !*

J'ai pas jamais appris d'métier,
J'ai toujours vécu, dans l'papier,
Du boniment des journalistes,
  Et des listes
De tous les numéros gagnants,
Et des lot'ri's d'un tas d'feignants,
Et des vann' et des balançoires...
  Ohé ! les poires !...

  C'est moi P'tit-Gris,
 Le p'tit loupiot des ru's d'Paris,
  Et dans la grand' ville,
  Où que j'me faufile,
  Tous les soirs ej' crie :
  D'mandez... *La Patrie !*

L'hiver je m'chauff' les abattis
Et l'bout du blair, que j'me rôtis,
Au feu du bras'ro qui pétille
    Et qui grille...
L'été quand ej' cuis dans mon jus,
Quand j'ai trop chaud... que j'n'en peux pus,
Ej' vas m'offrir un verr' de glace
    A la Wallace.

C'est moi P'tit-Gris,
Le p'tit loupiot des ru's d' Paris,
Et dans la grand' ville,
Où que j'me faufile,
Tous les soirs ej' crie :
D'mandez... *La Patrie* !

N'empêch' que c'est déjà rupin
D'arriver à gagner son pain...
Nous on n'est pas des fils de prince
Et pis mince !
Qu'i' vaut mieux fair' tous ces trucs-là
Que d'boulotter du Panama,
Ou d'voler du pognon aux courses
Et dans les bourses.

C'est moi P'tit-Gris,
Le p'tit loupiot des ru's d' Paris,
Et dans la grand' ville,
Où que j'me faufile,
Tous les soirs ej' crie :
D'mandez... *La Patrie* !

LES CULS GELÉS

Les Culs Gelés

Bon Dieu !... V'là l'hiver !... Et pis mince !...
Et pis qu' ça souffle !... Et pis qu' ça pince !...
Les purotins sont désolés.
Le vent gicle sous les jaquettes
Et va mordre, sous les liquettes,
    Les pauv' culs g'lés.

Et pis, v'là la neig' qui s'en mêle!...
Et pis du givre!... Et pis d' la grêle!...
On march' sur des glaçons pilés...
Ils ont l' nez rouge et les mains gourdes
Et du frio plein les esgourdes,
      Les pauv' culs g'lés.

Le soir, quand les fontain's Wallace
Et les ruisseaux sont à la glace,
I' r'gard'nt passer les gens calés
Engoncés dans des bath pelures...
Pendant qu'i's attrap'nt des eng'lures,
      Les pauv' culs g'lés.

I's s' les roul'nt pas dans des étoffes
Eux autr'... Ils n'ont qu' des philosophes
Ou des ripatons éculés...
Et, les pieds nus dans leurs savates,
Ils ont toujours l'onglée aux pattes,
  Les pauv' culs g'lés.

I's sont des centain' et des mille,
Sans culotte... sans domicile...
Perdus sous les cieux étoilés,
Courbés en deux... les coud' aux hanches,
Qui vont comm' ça, dans les nuits blanches,
  Les pauv' culs g'lés.

SUR LE TAS

Sur le Tas

Moderato

Nous sommes les pu_ro_tins. De la grande vil_le, Les marlous et les ca_tins, Nous sommes des mil_le... Nous nais_sons, nous vi_vons, Nous tom_bons, nous cre_vons. En tas, su' l'tas, Nous cre_vons su' l'tas! En tas, su' l'tas, Nous cre_vons su' l'tas!

Nous sommes les purotins
  De la grande ville,
Les marlous et les catins,
  Nous sommes des mille...
  Nous naissons, nous vivons,
  Nous tombons, nous crevons,
      En tas,
      Su' l' tas,
    Nous crevons su' l' tas !

Nous errons, sans feu ni lieu,
  Dans la capitale
Et nous couchons sur un pieu,
  Quand on nous emballe...
  Nous naissons, nous vivons,
  Nous tombons, nous crevons,
      En tas,
      Su' l' tas,
    Nous crevons su' l' tas !

On nous trouve sous les ponts,
　Aussi dans les bouges,
En tas avec les fripons
　Et les surins rouges...

Nous naissons, nous vivons,
Nous tombons, nous crevons,
　　En tas,
　　　Su' l' tas,
Nous crevons su' l' tas!

Nous n'apprenons pas d'état,
 Mais la République
Nous prend pour être soldat,
 Aux joyeux d'Afrique...

Nous naissons, nous vivons,
Nous tombons, nous crevons,
 En tas,
 Su' l'tas,
Nous crevons su' l'tas !

Tout nus nous sommes venus,
    Comme vers de terre...
Nous sommes encor tout nus,
    Quand on nous enterre...

  Nous naissons, nous vivons,
  Nous tombons, nous crevons,
      En tas,
       Su' l' tas,
  Nous crevons su' l' tas !